누구라도 순천만의 장관을 보고 있노라면 세상에서 가장 아름다운 자연 앞에 경건해지지 않을 수 없을 것이다. 우리는 마침내 역경을 딛고 일어나 꿈을 현실로 이뤄낸 것을 '신화'라 부른다. 바로 순천만에서 신화가 탄생했다.

죽은 신화는 필요 없다. 신화
는 팔팔하게 살아 있어야 자극
이 되고, 배우고 싶은 욕심도
생긴다. '순천만'이 바로 그런
곳이다.

순천만의 사람들은 아직도 자연과 인간의 공존
이라는 초심을 잃지 않고 있다. '2013 순천만 국
제정원박람회'를 유치한 순천시는 자연과 인간
의 공존과 어우러짐이 빚어낸 롤모델을 제시할
것이다.

흑두루미를
칭찬하라

김영한 김종원 지음

창조와 혁신의 갯벌, 순천만

흑두루미를
칭찬하라

21세기북스

Contents

02

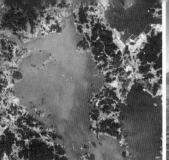

Contents

03

▶ 제3장 **흑두루미처럼, 자연처럼**

04

05

Prologue

순천만이
창조다

흔히 굉장히 아름다운 풍경을 접하게 되면 '하늘이 내린 풍경'이라고 말한
다. 그런 풍경들은 전혀 가공이 되지 않은 자연의 모습이라는 공통점이 있
다. 하지만 순천만이 놀라운 이유는 자연 그대로가 아니라 모든 사람들이
힘을 합쳐 '하늘이 내린 풍경을 창조해 냈다는 것'이다.

하늘이 내린
바다 정원

▶

"올해 첫 흑두루미가 날아왔습니다!"

　이제는 연중행사가 되었다. 매년 10월 하순이 되면 어김없이 흑두루미는 시베리아를 출발해 머나먼 여정을 거쳐 순천만으로 날아온다. 지난해에도 차가운 기온이 느껴지는 10월 하순이 되자 순천시에서 그해 처음으로 날아온 '첫 흑두루미' 소식을 내게 알려줬다. 나는 흑두루미가 날아오는 상상을 하면서 순천만은 정말 '하늘이 내린 바다의 정원'이라는 생각을 지울 수 없었다.

하늘이 내린 풍경을 창조해 내다!

보통 우리는 굉장히 아름다운 풍경을 접하게 되면 '하늘이 내린 풍

11

경'이라고 말한다. 그런 풍경들은 전혀 가공이 되지 않은 자연의 모습이라는 공통점이 있다. 하지만 순천만이 놀라운 이유는 자연 그대로가 아니라 모든 사람들이 힘을 합쳐 '하늘이 내린 풍경을 창조해냈다는 것'이다.

버림받은 도시에서 세계의 도시로

순천만은 거의 버림받은 도시에 가까웠다. 일단 순천에 대해서 살펴보자. 서울이나 부산과 같은 대도시가 대기업이라면 순천시는 지방에 있는 중소기업이다. 그것도 미래가 희망찬 기업이 아니라 미래의 먹을거리가 불투명한 낙후된 자원을 가지고 있는 곳이다.

하지만 순천시는 창조적인 변화를 시도했다. 순천주식회사의 CEO는 시장(市長)이고, 관광과장은 개발팀장이 되어서 세계적인 관광 상품을 개발했다. 그렇게 '대한민국 생태수도-순천'이라는 비전을 가지고 버려져 있던 순천만의 생태 환경을 복원한 것이다.

드넓은 갯벌로 이뤄진 순천만의 생태 환경이 좋아지자 세계적인 희귀조인 흑두루미가 날아들었다. 세계 5대 연안 습지를 보러오는 관광객들이 급증하면서 급기야 흑두루미를 보호하기 위해 관람료를 받아야 할 정도로, 관람의 질을 높이고, 자연 그대로의 모습을 간직

아름다운 순천만은
그저 단순한 자연의 경이로움으로
탄생한 것이 아니다.
순천만 사람들의 땀과 열정으로
생태 도시의 보고(寶庫)이자
순천시의 랜드마크로 재탄생했다.

하기 위해 노력하고 있다.

그리고 기적이 일어났다. 2010년 유엔 환경계획(UNEP)에서 선정한 '세계에서 두 번째로 살기 좋은 도시'로 순천이 선정된 것이다. 순천만 사람들은 자신이 살고 있는 고장을 '하늘이 내린 바다 정원'으로 창조해 내면서 순천만을 세계 최고의 생태도시로 만들어 냈다.

이제 '아사히야마 동물원' 이야기는 잊자

일본의 관광 명소인 '아사히야마 동물원의 대변신'은 이미 알 만한 사람은 다 알고 있는 변화의 대명사다. 발상의 전환이 가져온 대성공 사례로 손꼽히는 아사히야마 동물원은 '펭귄관' 건물 아래에 투명한 통로를 개설해 헤엄치는 펭귄의 모습을 마치 하늘을 날아다니는 것처럼 연출해 수많은 관광객을 유치하는 데 성공했다. 그것도 관람객 감소로 폐원 위기에 있었던 동물원이 고스게 마사오(小菅正夫) 원장의 획기적인 발상에 의해 '하늘을 나는 펭귄'으로 일약 스타덤에 올라 일본 굴지의 대표 동물원으로 떠오른 것이다.

일본 아사히카와(旭川)시에 있는 이 동물원은 1975년에는 누적 관람객 200만 명을 돌파했지만 80년대에 들어 테마파크에 밀려 관람객이 급격히 감소하기 시작했다. 테마파크 같은 놀이시설도 보강했지만 크게 효과를 보지 못했다. 관람객들은 점점 발길을 끊었고 1996년에는 관람객이 역대 최저 수준인 26만 명으로 떨어졌다. 시 의회는 동물원의 폐쇄를 검토했다. 하지만 더욱 절망스럽게도 동물원을 사겠다는 사람이 없어 그마저도 포기할 수밖에 없었다. 아사히야마 동물원의 사육사들은 막막했다. 고스게 마사오 원장과 사육사들은 동물원의 사명이라는 원점으로 돌아가 다시 한 번 생각하기 시작했다.

오랜 고민 끝에 그들은 "관람객들에게 생명의 소중함을 전하고 동물과 관람객 모두가 행복할 수 있는 환경을 만들어야 한다."는 결론에 도달했다. 기본적으로 동물원이 가진 역할과 목적에 충실한 지점에서 시작한 고민과 결론은 '발상의 전환'이라는 커다란 변화를 몰고 왔다. 펭귄관 아래쪽에 투명한 통로를 만들어 펭귄이 헤엄치는 모습이 마치 하늘을 날아다니는 것처럼 보이도록 꾸몄던 것이다.

창조적인 발상으로 변신에 변신을 거듭한 이 동물원은 지금 일본 최고의 동물원 자리를 놓고 도쿄 우에노 동물원과 경쟁하고 있다. 아사히야마 동물원이 이룬 변화의 이야기는 많은 이들에게 알려져 2008년에 영화 〈아사히야마 동물원 이야기-펭귄, 하늘을 날다〉로 제작되었다. 그 후 기업, 동물원, 심지어 공항에 이르기까지 창조의 모범 사례로 손꼽히며 '아사히야마 따라하기' 열풍이 일었다. 큰 비용을 들이지 않고도 창의적인 아이디어 하나로 일본 최고의 자리에 오른 아사히야마 동물원의 성공사례를 배우기 위해서다.

일본의 아사히야마 동물원에서 한국의 순천만 흑두루미로

물론 나도 2007년에 아사히야마 농물원 이야기를 담은 『펭귄을 날게 하라』라는 책을 발간한 적이 있다. 하지만 세상은 빠르게 변하고 있다. 그리고 그 후 5년이 지난 지금까지도 아사히야마 동물원이 창조의 사례로 쓰이고 있다는 게 조금 식상했다. 무엇보다 한국의 실정과 잘 맞지 않는 일본의 사례를 계속 이야기하는 것이 좋은 모습은 아니었다.

한국에도 아사히야마 동물원 못지않은 흥미진진하고 극적인 창조 사례가 있다. 그래서 나는 아사히야마 동물원의 이야기는 '순천만의 흑두루미'로 대체되어야 한다고 생각한다. 아사히야마 동물원의 이야기보다 더 멋지고, 더 창조적인 이야기가 한국의 창조 경영 사례의 중심이 돼야 한다고 믿는다. 또 창조적인 마인드, 창조적인 경영이 이뤄낸 쾌거는 그만큼 드라마틱하면서도 마음속 깊이 자리한 도전정신을 부채질하는 힘이 있다.

지금부터 흑두루미들이 몰고 온 변화, 감동이 물씬 배어나는 드라마틱한 이야기가 시작된다.

세계에서 두 번째로 살기 좋은 도시

한 번 생각해 본 적 있는가? 세계에서 가장 살기 좋은 도시는 어디일까? 여행을 자주 다녀본 사람들은 각자의 경험을 떠올리며 마음속의 도시를 상상할 것이다. 그렇다면 과연 사람들이 생각하는 최고의 도시는 어디일까? 순간 머릿속에서 밴쿠버, 빈, 멜버른, 토론토, 캘거리, 헬싱키, 시드니 등 이름만 들어도 살기 좋을 것 같은 도시들이 스쳐 지나갈 것이다. 대부분은 자신이 가본 혹은 그림으로만 보아도 멋진 도시를 상상할 것이다. 그러나 그런 곳이 꼭 한국이 아닌 나라에만 있는 것이 아니다. 놀랍게도 우리는 스스로를 과소평가하는 습관이 있다. 한국이, 그것도 전남 순천시가 세계에서 두 번째로 살기 좋은 도시로 선정되었다면 아마도 많은 이들이 선정기관의 권위와 투명성을 의아하게 여길 것이다.

유엔환경계획(UNEP)에서 공인하는 2010년 리브컴 어워즈(LivCom

Awards)는 '세계에서 두 번째로 살기 좋은 도시'로 전남 순천시를 선정했다. 리브컴 어워즈는 유엔환경계획(UNEP)이 지구 환경 보호에 기여하고 살기 좋은 지역사회를 건설한 도시를 대상으로 수여하는 세계 최고 권위의 상이다.

철저하고 면밀 주도하기로 정평이 나 있는 상인 만큼 순천시도 철저한 심사를 받았다. 미국 시카고에서 세계적인 석학 300여 명이 모여 치열하고 긴 심사 과정과 토론이 이어졌다. 결과적으로, 수상이 유력했던 세계 유수의 도시들을 제치고 순천시가 미국 마이애미 비치에 이어 은상을 수상하는 쾌거를 안았다.

자연과 인간이 만든 정원

대도시에 사는 사람들에게 전남 지역은 낙후된 지역이라는 통념이 강하다. 전남에서도 특히 순천은 도시화에서 뒤처져 있다는 의식이 팽배한 것이 사실이다. 10년 전만 해도 순천시를 돌고 나오는 동천 강물이 몸을 푸는 순천만 대대포구 근처의 갈대밭은 이미 쇠락한 지방의 이름 없는 행락지와 다름없는 모습이었다.

아무렇게나 늘어선 식당에서는 질 좋은 식사를 기대하기 어려웠고 길가에 무질서하게 정차돼 있는 관광버스와 그 안에서 쏟아져 나오는 술 취한 관광객들은 외딴 지역인 낙후된 순천만의 분위기를 더욱 흐리게 만들었다. 모두 뭔가 잘못돼 가고 있다는 것만 알고 있었을 뿐 뚜렷한 대안을 제시할 수도 없었다. 아무도 순천만이 가진 귀한 생태적 가치를 아는 사람이 없었기 때문이다. 오죽하면 도시에서 나오는 쓰레기를 순천만에 갖다 버렸을까?

도대체 지난 몇 년 동안 순천만에서 무슨 일이 일어났던 것일까? 이토록 볼품없는 지역으로 거의 버려지다시피 했던 곳에서 어떤 기적이 행해진 걸까? 그것도 세계에서 가장 살기 좋은 도시로 말이다. 언감생심 꿈꿔 볼 여유조차 없었던 곳에서 일어난 기적의 순간을 더 들어보자.

기적의 근원은 쓰레기로 몸살을 앓고 있었던 순천만에 있었다. 순천시는 전략적으로 지난 몇 년 동안 세계 5대 연안 습지인 순천만의 보전과 생태 복원에 온 힘을 쏟아 부었다. 최근 우리나라 최초의 녹색 박람회인 '2013 순천만국제정원박람회'를 유치하는 사상 초유의 쾌거를 올리기도 했다. 다가올 2013년, 전남 순천에서 열리는 박람회에서는 세계의 정원과 생태의 모든 것을 한눈에 볼 수 있다. 이는 단순히 순천시에 명예로운 훈장 하나 추가되는 것이 아니다. 한국농촌경제연구원은 순천만국제정원박람회가 열리면 생산유발금 1조 3,000억 원, 1만여 개에 달하는 일자리 창출, 460만 명의 관람객 유치 효과가 발생할 것으로 전망한다.

노관규 순천시장은 "순천만국제정원박람회는 한국의 국가 브랜드를 강화할 뿐 아니라 순천시가 글로벌 경쟁력을 갖춘 세계적인 도시로 발전하는 계기가 될 것이다. 박람회의 성공적인 개최로 순천만의 미래, 미래의 도시가 어떻게 바뀌어 나갈 수 있는지를 보여주는 롤모델이 되겠다."는 의지를 밝혔다.

앞으로 순천시는 국제정원박람회를 통해 자연이 만든 정원과 사람이 만든 정원이 어떻게 조화를 이뤄 사람에게 기쁨을 줄 수 있는지를 전 세계인들에게 알릴 것이다. 그리고 순천시는 앞으로도 세계에서 가장 살기 좋은 도시로 남게 될 것이다. 대한민국에서 가장 낙후된 지역에서 세계에서 살기 좋은 도시로 선정된 비하인드 스토리를 지금부터 시작한다.

순천은 국제정원박람회를 통해
자연이 만든 정원과 사람이 만든 정원이
어떻게 조화를 이룰 수 있는지를
전 세계인들에게 알릴 것이다.

Chapter 1

제 1 장

흑두루미와
갯벌 이야기

시베리아에 가을이 오면

시베리아에 가을이 오면 흑두루미들은 머나먼 여정(旅程)을 시작한다.

춥고 힘든 고통을 딛고 겨우 한반도에 들어선 흑두루미늘은

비무장지대에서 잠시 지친 몸을 쉬게 한다.

그리고 그들은 따뜻하고 먹이가 있는 일본으로 날아갔다.

그, 러, 나,

더 이상 흑두루미들은 일본으로 날아가지 않는다.

따뜻하고 살아 움직이는 먹잇감을 품고 있는 그곳.

순천만의 매력에 흠뻑 빠진 흑두루미들의 여정은

여기서 끝난다.

한 마리의 리더가 목적지를 향해 방향을 잡고 하늘로 날아오르면 수많은 흑두루미들이 리더 흑두루미의
뒤를 따라 날아오른다. 쉼 없는 비행. 밤이면 별과 달을 벗 삼아 방향을 잡고, 폭풍이 오면 더욱 강한 의지와
힘으로 비행을 계속해야 하는 고단한 여정이 시작된다. 그들은 참기 어려울 정도로 고통스러운 순간이 다
가오면 한 목소리로 "끼룩 끼룩!" 소리를 내며 서로를 격려한다.

자연의 거대한 품, 갯벌

이렇게 아름답고 고요할 수 있을까. 바다와 육지가 서로 만나 몸을 섞는 곳, 갯벌. 갯벌(Tidal Flat)은 조류로 운반되는 미세 입자가 해안에 오랫동안 쌓여 생긴 평탄한 퇴적 지형으로 '육상'과 '해양'이라는 거대한 두 개의 생태계가 만나는 곳이다. 결국 갯벌은 바다가 되기 위해 혹은 뭍이 되기 위해 '서로가 서로를 버리는 곳'인 셈이다. 자연의 정화조 역할을 하며 많은 생명붙이를 거느리는, 설명할 수 없을 정도로 거대한 품의 역할을 하고 있다. 그저 바라봤을 때는 아무것도 하지 않는 것 같지만 순천만은 다양한 역할을 하고 있다. 순천만에서는 한 번도 적조가 발생하지 않았다. 갯벌 덕분이다.

해질 무렵이나 새벽녘이 되면 순천만은 모습을 바꾼다. 노을과 안개는 화려한 군무가 펼쳐지는 배경이 된다. 때마침 날아들어와 갯벌 위에서 휴식 중인 흑두루미 한 무리. 갯벌과 흑두루미가 어우러진 풍경을 보면 탄성이 절로 나온다. 그렇게 갯벌과 흑두루미는 하루에도 여러 차례 모습을 바꾸며 보는 이의 마음에 감동을 선사한다.

갯벌은 철새들에게는 무엇과도 바꿀 수 없는 천혜의 아지트와 다름없다. 그러다 보니 순천만을 찾는 철새의 종류는 아주 다양하다. 흑두루미, 재두루미 등 천연기념물을 비롯해 큰고니, 황새 등 150여

종의 조류가 이곳에서 서식한다. 지난해만 해도 흑두루미, 검은머리갈매기 등 세계적인 희귀 철새가 27종이나 발견되었다. 그렇게 순천만의 갯벌을 찾아 날아온 철새들의 모습은 제각각이다. 두루미의 행동을 살펴보면 '이동을 준비하는 두루미 가족들', '영역 다툼을 하는 두루미들', '물을 마시러 갯고랑에 접근하는 두루미들', '먹이 활동 중인 두루미들' 등 다양한 모습을 보여주며 한 철을 갯벌 위에서 살아가는 것을 알 수 있다.

고흥반도와 여수반도에 둘러싸인 항아리 모양의 순천만, 그리고 순천만의 대부분을 차지하고 있는 갯벌은 철새들과 어울려 계절마다 그림 같은 풍경을 연출한다. 그들은 함께 살아가는 공생의 의미를 우리에게 일깨우며 서로에게 변함없이 필요한 존재가 되는 것이다.

살아 있는 화석

두루미는 공룡과 같은 시기에 살았던, 지구상에서 매우 오래전부터 존재했던 조류로 '살아 있는 화석'으로도 불린다. 4000만 년 전부터 지구의 하늘과 초원 그리고 습지의 주인으로 살아온 두루미는 전 세계에 15종이 살고 있다. 우리나라에서는 모두 7종이 관찰되는데 그 중에서도 가장 희귀한 종이 바로 흑두루미(Hooded Crane)다. 흑두루미의 몸길이는 75~100센티미터로 머리 꼭대기에 붉은색의 피부가 노출돼 있으며 얼굴부터 목의 윗부분까지는 흰색, 아랫부분은 진한 회색을 띤다.

흑두루미는 30~50마리씩 무리를 지어 생활한다. 먹이를 잡아먹거나 하늘을 날 때도 특유의 '꾸르륵' 하는 우렁찬 울음소리로 같은 무리들과 교신한다. 그래서 흑두루미를 태곳적 소리를 인간에게 들려주는 유일한 새라고도 부른다.

흑두루미의 고향은 시베리아와 북만주 지역으로, 침엽수림이 우거진 습지와 강가 등이 주요 서식지다. 보통 흑두루미는 '일부일처(一夫一妻)'를 고수하는데 부부 중 한쪽이 죽으면 여생을 홀로 지낸다. 흑두루미 부부는 번식을 위해 6~8제곱킬로미터에 해당하는 자신들의 영역을 형성한다. 그리고 습지에 갈대와 전나무 가지를 이용해 지름 50~80센티미터의 둥지를 만들고 그 속에 알을 2개씩 낳는다.

흑두루미가 희귀조가 된 데는 이런 깔끔한 번식 형태의 탓도 크다. 겨울이면 흑두루미는 중국의 양쯔 강 지역과 한반도를 거쳐 일본으로 대이동을 한다. 대부분의 흑두루미는 7,000킬로미터를 날아 한반도로 찾아오고 한반도의 겨울이 끝나면 낙동강을 거쳐 일본의 규슈

보통 흑두루미는 일부일처제를 고수한다. 부부 중 한쪽이 죽으면 나머지 한쪽은 여생을 홀로 지낸다. 특히 흑두루미의 우렁찬 울음소리는 '태곳적 소리를 인간에게 들려주는 유일한 새'라는 평가를 받는다.

에 있는 이즈미에서 겨울을 난다. 1970~80년대부터 이 중 일부가 강화도를 거쳐 순천만을 찾아오기 시작했다.

머나먼 여정

철새들은 가을이 시작되면 고민에 빠진다. 찬바람이 불기 시작하는 초겨울이 다가오면 두루미나 기러기 같은 철새는 당장 따뜻한 곳으로 떠나야 하기 때문이다. 특히 시베리아 아무르 강의 드넓은 초원에서 사는 흑두루미는 초겨울이 되면 남쪽으로 내려갈 생각부터 하게 된다. 시베리아 강가에서 알을 낳고 번식하기 때문에 그해에 태어난 새끼들을 데리고 수천 킬로미터를 비행해야 하는 것이다.

너무 일찍 비행을 시작하면 갓 태어난 새끼가 힘이 부족해 위험한 상황을 맞이할 수도 있다. 그렇다고 새끼의 성장을 마냥 기다릴 수도 없기 때문에 이들 철새들의 이동 시간이 늦어지는 법은 없다. 조금만 이동 시기를 놓쳐도 어느새 강과 호수가 얼어붙어 먹이를 구하는 것이 어려워지기 때문이다. 그래서 어미 흑두루미들은 가을부터 새끼들에게 혹독한 비행 훈련을 시킨다. 다가올 머나먼 장정에 대비하는 것이다.

따뜻한 곳, 남쪽을 향해 비행할 때 흑두루미들은 커다랗게 무리를 지어 이동한다. 처음에 몇 마리가 비행을 시작하면 다른 무리들까지 합쳐져서 이내 큰 무리가 만들어진다. 결국 V자 형태를 이뤄 목표 지점을 향해 날아간다. 이들의 비행을 보고 있노라면 지도나 나침반 없이도 놀라울 정도로 질서정연한 자연의 경이로움에 절로 고개가 숙여진다.

한 마리의 리더가 목적지를 향해 방향을 잡고 날아오르면 수많은 흑두루미들이 리더 흑두루미의 뒤를 따라 날아오른다. 쉼 없는 비행, 밤이면 별과 달을 벗 삼아 방향을 잡고 폭풍이 오면 더욱 강한 의지와 힘으로 비행을 계속하는 고단한 여정이 시작된다. 그들은 참기 어려울 정도로 고통스러운 순간이 오면 한 목소리로 "끼룩 끼룩!" 소리를 내며 서로를 격려한다. 한낱 동물도 이러할진대 사람은 말해서 무엇 하랴.

따뜻한 곳, 남쪽을 향해 비행할 때 흑두루미들은 무리를 지어 이동한다. 처음에 몇 마리가 비행을 시작하면 이내 다른 무리들까지 합쳐져 V자 형태로 목표 지점을 향해 날아간다. 그들의 비행을 보고 있으면 지도나 나침반 없이도 놀라울 정도로 질서정연한 자연의 경이로움에 절로 고개가 숙여진다.

비무장지대에서 쉬고
일본으로 날아가다!

시베리아에서 비상을 시작해 만주를 거쳐
한반도에 들어선 두루미들은 비무장지대(DMZ)에 집결한다.
DMZ는 인적이 없고 청정 상태를 유지하고 있기 때문에
철새들에게는 좋은 휴식처다. 흑두루미들은 DMZ에서
잠시 휴식을 취한 후 다시 남쪽으로 이동한다.

우리나라를 지나가는 두루미 떼는 시베리아에서 비상을 시작해 만주를 거쳐 날아오는 것이다. 일단 한반도에 들어선 두루미들은 비무장지대(DMZ)에 집결한다. DMZ는 인적이 없고 청정 상태를 유지하고 있기 때문에 철새들에게는 좋은 휴식처다. 철새들은 DMZ에서 잠시 휴식을 취하면서 먹이 활동을 한다. 여기서 두루미나 재두루미들의 대부분은 DMZ나 철원 지역에 자리를 잡지만 흑두루미들은 잠시 휴식을 취한 후 다시 남쪽으로 이동한다.

DMZ를 출발한 흑두루미들은 낙동강을 따라서 남하한다. 그리고 부산 을숙도 부근에 다시 모여 먹이 활동을 한다. 지금부터 30~40년 전에는 낙동강 하구에 광활한 갈대밭이 있었고, 인근에 농토가 풍부해 흑두루미들이 이곳에서 겨울을 났었다. 그러나 점점 농토가 비닐하우스 촌으로 바뀌고 하구에 둑이 생기며 갈대밭이 사라지면서 먹잇감들이 줄어들자 흑두루미들은 다시 일본 규슈(九州)에 있는 이즈미시(市)로 날아갔다. 이즈미시에서는 논에 볍씨를 뿌려 두루미들을 한 곳으로 모았다. 낙동강 하구를 떠난 흑두루미들이 점차 이즈미시에 모이기 시작하면서 흑두루미의 수는 9,000여 마리로 늘어났다. 전 세계에서 약 1만여 마리가 서식하고 있는 흑두루미의 90%가 이즈미시에서 겨울을 났다.

시베리아 벌판을 피해 힘든 고통을 참으며 먼 길을 날아온 흑두루미들에게 순천만은 더할 나위 없는 장소
였다. 모험심이 강한 흑두루미들이 곡식과 살아 움직이는 바다 생물을 같이 먹을 수 있는 최적의 월동지,
순천만을 발견한 것이다. 그들은 더 이상 일본으로 날아갈 필요가 없었다.

살아 움직이는 먹잇감들

모두가 같은 길을 갈 때 다른 길을 선택하는 사람이 있듯이 흑두루미들 역시 모두 동쪽 낙동강을 따라 이동할 때 다른 경로를 택한 소수의 흑두루미들이 있었다. 수천 마리의 두루미 떼가 동쪽으로 날아갈 때, 몇 백 마리의 흑두루미들은 서쪽 바다를 선택했다. 그들에겐 나름의 이유가 있었다. 일본 이즈미시로 가면 기온도 따뜻하고 먹이 걱정도 없지만 겨울 내내 낱알 곡식만 먹어야 한다. 곡식이 아닌 생물을 먹고 싶었던 흑두루미들은 서해의 갯벌을 따라 남하하기 시작했다.

서해 바다를 따라 내려가면서 일부의 흑두루미들이 순천만(灣)을 발견했다. 흑두루미들에게 순천만은 날씨도 온화했고, 청정 갯벌에는 살아 움직이는 먹잇감들이 넘쳤다. 차가운 시베리아 벌판을 피해 힘든 고통을 참으며 먼 길을 날아온 흑두루미들에겐 순천만은 더할 나위 없는 장소였다. 모험심 강한 흑두루미들이 곡식과 살아 움직이는 바다 생물을 같이 먹을 수 있는 최적의 월동지인 순천만을 발견한 것이다.

항아리 모양의
순천만

새들은 계절의 변화에 따라 대이동을 한다. 추운 나라에 사는 북방

지역의 새들은 가을철이 되면 남쪽으로 이동하고, 더운 나라에 사는

남방 지역의 새들은 봄철이 되면 온대 지방으로 이동한다. 중국과 한반도는 이들 철새의 이동 통로인 셈이다. 두루미는 시베리아에서 번식하고 우리나라와 일본에서 겨울을 난다. 반대로 제비와 물총새는 중국과 우리나라에서 번식하고 대만이나 필리핀에서 겨울을 난다.

이런 사실은 살아가면서 철새에 대해 지대한 관심이 없으면 쉽게 인지할 수 없는 것들이다. 철새들은 사람들의 눈에 잘 띄지 않지만 북쪽에서 남쪽으로, 남쪽에서 북쪽으로 이동하는 일을 몇 만 년 동안 되풀이해 왔다. 우리나라도 지난 40~50년 전만 해도 수많은 철새들을 볼 수 있었으나 급속한 산업화가 진행되고 산림과 습지가 개발되면서 그 수가 현격하게 줄어들었다.

20~30년 전의 김포평야에는 수천 마리의 두루미가 한겨울을 났다. 가까이에는 한강이 있고 드넓은 김포평야에는 곡식들이 많이 남아 있었기 때문이다. 그러나 김포평야 일대의 산업 단지가 만들어지고 아파트가 들어서면서 농토가 줄어들자 자연스럽게 두루미들이 먹을 곡식들도 함께 자취를 감춰 버렸다. 해마다 두루미 숫자가 줄어들기 시작해 지금은 열 마리 남짓 남았을 뿐이다. 산업화의 주범인 인간이 두루미들을 생존 터전에서 쫓아낸 것이다.

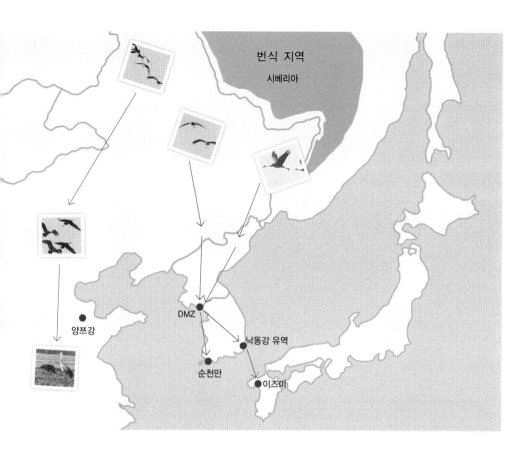

번식 지역
시베리아

양쯔강

DMZ

낙동강 유역

순천만

이즈미

흑두루미들이 겨울을 나는 지역은 세 군데다.
시베리아에서 번식을 마친 흑두루미들은
중국의 양쯔 강 유역, 한국의 순천만, 일본 이즈미시
등으로 이동해 혹한을 피해 겨울을 난다.

어쩔 수 없는 선택

그렇게 쫓겨난 두루미들은 다시 조금 더 남쪽으로 내려갔다. 일부는 낙동강 하구의 김해평야로 날아갔지만 김해평야마저 산업 단지가 조성되면서 아파트가 들어서고 농지와 습지들도 계속 줄어들고 있었다. 더 이상 갈 곳이 없어진 두루미들은 한국을 떠나 바다를 건너기에 이른다. 두루미들이 그동안 겨울을 났던 한국을 버리고, 일본 규슈의 녹지를 찾아 날아가 버린 것이다.

두루미들로선 어쩔 수 없는 선택이었다. 한국은 지난 수십 년 동안 집중적으로 습지와 농지를 산업 단지나 주거지로 바꿨고 농촌에서는 겨울 철새를 잡는 일이 극성을 부렸다. 30~40년 전에는 농한기가 되면 농민들이 논바닥에 농약을 묻힌 볍씨를 뿌려놓고 청둥오리나 철새들이 이것을 먹고 논바닥에 쓰러지면 철새들을 수거해 요리의 재료로 삼았다. 급격한 산업화로 철새들은 생존 터전을 빼앗기거나 농민들에게 죽임을 당할 수밖에 없었다. 그들에게 더 이상 한국은 따뜻하고 먹잇감이 풍부한 곳이 아니었다. 그래서 그들이 철새인 것이다. 날아가면 그만인 철새들!

시커먼 매연을 내뿜는 굴뚝과 굉음을 내는
유조선이 드나드는 광양과 여수와는 달리
순천만에는 대자연이 숨 쉬고 있었다.
그것이 흑두루미를 강하게 유혹했다.

흑두루미를 유혹한 순천만

그렇게 한국을 등졌던 흑두루미들이 최근 한국에서 꽤 좋은 장소를 발견했다. 시베리아를 떠나 남쪽으로 날아온 흑두루미가 한반도 상공을 지나가면서 내려다본 순천만은 더없이 좋은 땅이었다. 아마도 흑두루미의 눈에 가장 먼저 들어온 것은 넓디넓은 갈대밭이었을 것이다. 순천 시내에서 흘러 내려온 동천의 물은 무성하게 자란 갈대밭을 통과하면서 스스로 정화 과정을 거친다. 특히 순천의 갈대밭은 완벽한 천연 하수종말처리장 역할을 했다. 흑두루미들은 갈대밭이 깨끗한 물을 만드는 데 도움을 준다는 것을 본능적으로 알고 있었다.

　갈대밭에 이어 흑두루미의 눈을 사로잡은 것은 광활한 갯벌이었다. 바닷물이 빠지면 마치 땅이 솟아오르듯 속살을 드러내는 갯벌은 세계 어디서도 볼 수 없는 것이었다. 무려 8000년 동안 동천이 실어 날랐던 흙과 모래, 유기질이 쌓이고 쌓여 바닷물과 섞인, 그야말로 생명의 보고였다. 시커먼 매연을 내뿜는 굴뚝과 굉음을 내는 유조선이 드나드는 순천 인근의 광양과 여수와는 달리 순천만에는 대자연이 숨 쉬고 있었다. 그리고 그것이 흑두루미들을 유혹하고 있었다.

수천 년 동안 반복된
생명의 품

순천만(灣)은 바닷게 천지다. 칠게, 농게 등 이름을 알 수 없는 수많은 게들이 검은 갯벌을 뒤덮어 갯벌에 물이 빠지면 작은 굴을 파고 서식하는 게들이 햇볕을 쬐기 위해 굴 밖으로 모습을 내민다. 작은 발들을 꼼지락거리면서 게 거품을 뽀글뽀글 내뿜는 살아 숨 쉬는 갯벌은 경이로움 그 자체다. 철새들이 날아들면 순식간에 작은 굴로 숨어드는 자연의 위대한 먹이사슬은 수천 년 동안 이곳에서 반복되었다.

내가 처음 순천만에 갔을 때 그곳은 온통 바닷게 천지였다. 칠게, 농게 등 이름을 알 수 없는 수많은 게들이 검은 갯벌을 뒤덮고 있었다. 갯벌에 물이 빠지면 작은 굴을 파고 서식하던 게들이 햇볕을 쬐기 위해 굴 밖으로 모습을 내밀었다. 따뜻한 햇볕을 쬐며 작은 발들을 꼼지락거리면서 게거품을 뽀글뽀글 내뿜는 살아 숨 쉬는 갯벌이 바로 순천만의 모습이었다. 순천만의 갯벌은 다른 갯벌보다 수심이 깊어서 일반인의 출입을 금지하고 있다. 때문에 드넓은 갯벌은 사람의 손길이 미치지 않는 '게들의 천국'이 되었다. 가끔씩 게를 잡아먹기 위해 새들이 날아오면 게들이 순식간에 작은 굴로 숨어드는 자연의 먹이사슬다운 모습은 수백 년 혹은 수천 년 동안 반복돼 왔을 것이다.

순천만이 매력적인 이유

누구라도 순천만을 보면 드넓은 갯벌과 갈대, 바다 생물, 바닷새가 어우러진 아름다운 모습에 매혹될 수밖에 없다. 순천만은 강과 바다가 만나는 만(灣)이 바다 쪽을 향해 트여 있는 모양새다. 만이 바다 쪽으로 열려 있다면 거친 파도나 태풍이 불어왔을 때 퇴적물이 바다로 쓸려 나가 갯벌이 형성되기 어렵다. 만약 갯벌이 형성된다 하더라도 파도 때문에 입자들이 쓸려 나가 남아 있는 입자들은 대개 굵은 것들이 대부분이다. 그러나 순천만 갯벌의 입자는 다른 갯벌보다 입자가 매우 곱고 진줏빛이 날 정도로 아름답다.

바다를 향해 트여 있는 구조인 순천만이 미세하고 고운 입자의 갯벌을 가지고 있는 건 어째서일까? 미세한 갯벌 입자들이 파도에 쓸려 나가지 않는 것은 순천만의 모양이 항아리 형태이기 때문이다. 순천만을 상공에서 보면 고흥반도와 여수반도가 양쪽을 막고 있어서 바닷물이 들어오는 입구가 항아리 입구처럼 폭이 좁다.

자연이 연출하는 일일 드라마

양쪽에 있는 두 개의 반도 덕택에 순천만은 강한 바람과 태풍을 피할수 있을 뿐 아니라 바다가 높은 파도를 만들지 못한다. 또 만의 입구인 동천(東川)에서 항상 깨끗한 1급수의 물이 유입되고 있어 갯벌의 퇴적지가 매년 넓어지고 있으며 전체 갯벌 면적이 22제곱킬로미터(600만 평)를 넘어서고 있다. 항상 깨끗한 물이 순천만으로 흘러 들어

고흥반도와 여수반도가 순천만 양쪽을 막고 있고 바닷물
이 들어오는 입구가 작아 마치 항아리 모양을 하고 있다.
그래서 순천만의 바다는 언제나 잔잔하고 따뜻하다.

오는데다 거센 파도를 피해 드넓은 갈대밭과 풍부한 갯벌 생태계가 유지되고 있었던 것이다.

광활한 바다와 갯벌, 수많은 바다 생물 그리고 바닷새들이 매일같이 자연 드라마를 연출하는 순천만은 계절의 변화도 남다르다. 여름철에는 저어새가 날아들고, 겨울철에는 흑두루미와 검은머리갈매기가 찾아든다. 세계적으로도 연안 습지는 그리 흔하지 않다. 북해 연안, 캐나다 동부 해안, 미국 조지아 해안, 남아메리카의 아마존 하구와 우리나라의 서남 해안 등의 연안 습지가 겨우 그 명맥을 이어오고 있을 뿐이다.

그 중에서도 도시를 끼고 있는 연안 습지는 순천만이 유일하다. 다른 나라의 습지는 일반인이 찾아가기 힘든 곳에 있지만 순천만은 마음만 먹으면 언제나 쉽게 찾아가 아름다운 습지를 만끽할 수 있다. 그것이 바로 순천만이 가진 특별한 매력이자 살아 있는 경쟁력이다.

순천만은 담수와 해수가 만나서 서로 섞이는 곳으로 굽이굽이 휘돌아가는 지리산 자락의 산들이 뻗어내는 맑은 물들이 모여 동천을 이룬다. 동천은 순천시를 관통해 남해로 연결된다. 순천만의 사람들은 언제나 맑고 깨끗한 동천을 만드는 데 열심이다.

8000년의 갯벌 역사

순천만의 갯벌은 자연 훼손이 최소화된 완벽한 생태계일 뿐 아니라 주변 농
경지와 함께 어우러진 천혜의 자연 조건을 가지고 있다. 맛 좋은 게와 꼬막,
조개 등이 많이 잡히고 짱뚱어, 참갯지렁이, 검정비틀이고둥 등 다양한 생
물들이 살아가는 풍부한 생물종의 보고(寶庫)다.

'22제곱킬로미터'

약 600만 평에 달하는 광활한 면적을 자랑하는 순천만의 나이는 약 8,000세로, 5000년인 한국의 역사보다 훨씬 더 깊다. 연구에 따르면 마지막 빙하기가 끝나고 해수면이 높아지면서 한반도의 모양이 지금의 형태를 갖추게 되었다. 이때 순천만 지역에 강물을 따라 흘러든 흙과 유기물 등이 해류의 조수 작용과 맞물려 오랫동안 퇴적되어 왔고 그 결과에 의해 지금의 갯벌이 형성된 것으로 추정하고 있다.

수많은 생물과의 교감

시간이 쌓이고 또 켜켜이 쌓여 오늘날에 이른 순천만의 갯벌은 자연 훼손이 최소화된 가장 완벽한 생태계일 뿐 아니라 주변의 농경지와 함께 여러 생태계가 어우러진 천혜의 자연 조건을 가지고 있다. 맛 좋은 게와 꼬막, 조개 등이 많이 잡히고 짱뚱어, 참갯지렁이, 검정비틀이고둥 등 다양한 생물들이 살아가고 있는 풍부한 생물종의 보고(寶庫)로서 보전 가치가 뛰어나고 그 어느 곳보다 생산력이 왕성한 습지 보호 지역이 바로 순천만이다.

아름다운 자연 속에서 수많은 생물과의 교감이 가능한 순천만 갯벌, 이곳이 눈길을 끄는 또 다른 이유는 거대한 갈대밭을 품고 있다는 사실이다. 70만 평에 달하는 순천만의 갈대밭은 국내 최대 규모로 계절의 변화에 따라 햇살을 머금은 갈대꽃이 은빛으로, 잿빛으로, 황금빛으로 바람을 타고 넘실대는 기막힌 절경을 선사한다. 또 순천만은 미생물이 서식할 수 있는 최적의 환경을 가지고 있다. 그래서 다양한 형태의 오염 물질을 분해하거나 정화시키는 작용을 하는 갈대밭은 순천만이 깨끗한 생태계를 유지할 수 있는 원동력이기도 하다.

갈대밭의 정화(淨化)

겨울이면 수없이 불타올랐던 갈대밭이 지금은 수많은 드라마 촬영 장소가 되고 있고, 봄
에는 연두색 새싹을 품고, 여름이면 초록색으로, 가을이 오면 햇살에 젖어 황금색으로
빛나는 순천만 대표 풍경이 되었다.

순천만은 담수와 해수가 만나서 서로 섞이는 곳으로 일명 '기수해역'
이라 불린다. 굽이굽이 휘돌아가는 지리산 자락의 산들이 뱉어내는
맑은 물들이 모여 동천을 이룬다. 동천은 순천시를 관통해 남해로 연

결되며 순천만을 형성한다. 민물과 바닷물이 만나는 동천에는 바닷물에도 잘 견디는 갈대가 무성하다.

1959년에 그 이름도 파괴적이고 강력한 사라(Sarah)호 태풍이 남해안을 덮쳤을 때다. 순천도 초속 85미터의 강풍과 폭우를 피할 수 없었다. 동천 상류에서 쏟아져 내려오는 빗물로 동천은 순식간에 범람했고 미처 손을 쓸 새도 없이 순천 시내는 물에 잠겼다. 이때 동천 둑에 있던 갈대가 쓸려 내려가 순천만의 상류에 그대로 퇴적되었다. 모든 것을 처참하게 휩쓴 태풍이 지나자 시내는 복구되고 동천 둑도 다시 튼튼하게 재건되었다.

갈대 백화점

그러자 동천의 범람으로 쓸려 내려갔던 갈대 뿌리가 갯벌 상류에 자리 잡기 시작했다. 갈대의 왕성한 번식력은 점차 갯벌을 점령하기 시작했다. 갈대밭의 규모도 초기에는 몇 만 평에 불과했으나 10년이 지나고 20년이 지나면서 10만 평, 60만 평으로 늘어났고 지금도 매년 그 규모가 커지고 있다. 동천과 순천만은 '갈대 백화점'이라는 말이 생길 정도로 종류도 다양하고 그 크기와 높이도 천차만별이다.

민물에 서식하는 갈대는 높이가 2미터 정도지만 바닷물과 만나는 갯벌에서 자라는 갈대는 높이가 점차 줄어들어 1미터 정도다. 갈대는 다년생 뿌리 식물이기 때문에 매년 새싹이 나와 1년 동안 자라다가 잎과 줄기가 말라서 죽는다.

그러다 봄에는 연초록색의 순이 새롭게 나오기 시작하면서 하루에 몇 센티미터씩 자라나 "갈대가 크는 모습이 눈에 보인다!"고 말할 정도로 순식간에 자라난다. 그런 갈대가 여름철에는 사람 키 높이의

"갈대가 크는 모습은 눈으로 보인다!"고 말할 정도로
순식간에 자라나는 식물이다. 촘촘하게 갯벌에 뿌리를 내린 갈대는
순천만의 중금속을 정화하는 필터 역할을 한다.
순천만에는 단 한 번도 적조 현상이 일어나지 않았다.

무성한 모습으로 자라고 짙은 초록색으로 바뀐다. 가을에는 사람의 키 높이까지 오는 빽빽한 갈대밭에 하얀 꽃이 피면 마치 눈이 온 것 같은 갈대의 설경이 펼쳐진다. 늦가을에는 갈대 잎들이 마르면서 바람에 부딪치는 소리가 은가루 소리처럼 사방에 울려 퍼지고, 겨울이면 온통 황금 빛깔로 갈아입은 채 흔들리는 군무로 다가올 봄을 기다리는 순천만의 갈대들. 그들의 사계절은 인간사만큼이나 다양하고 변화무쌍하다.

순천만의 젖줄, 동천

한편, 사라호의 흔적은 형언할 수 없을 정도였다. 도시 전체를 온통 할퀴고 지나간 자리는 처참했다. 순천시는 시내와 동천을 재정비하면서 앞으로 언제 또 있을지 모를 홍수에 대처할 수 있는 대책 마련에 부심했다. 아무리 둑을 높이 쌓은들 상류에서 흘러 내려오는 엄청난 양의 물을 감당할 수 없을 게 뻔했다. 결국 동천 상류 지역에 대형 댐을 건설해 물을 가둬 상수원으로 쓰는 방안을 찾기에 이르렀다.

동천 상류에 상사 댐을 건설하자 홍수 걱정이 사라지고 동천도 1년 내내 맑은 물을 갯벌로 내보낼 수 있게 되었다. 상수원이 맑아지자 순천시는 하수도를 정비하기 시작했다. 도시 거주 인구는 15만 명 정도지만 앞으로 다가올 도시 인구 팽창을 위해 인구 30만 명의 생활하수를 처리할 수 있는 하수종말처리장을 지었다. 이렇게 상하수도를 정비하자 동천의 물은 1급수 수준으로 맑아졌다.

이후 동천의 맑은 물은 순천만의 젖줄이 되었다. 만약 이때 순천 시내에 공업시설들이 들어섰다면 순천만으로 상당량의 오폐수가 지속적으로 유입되었겠지만 다행히 그런 일은 일어나지 않았다. 상수도를 맑게 하고 생활하수를 하수종말처리장에서 처리해 강물을 맑게 유지할 수 있었다.

아무리 하수 처리를 깨끗이 한다고 해도 중금속까지 정화하기는 힘들다. 하수종말처리장을 통해 배출된 물이라 해도 중금속이 섞여 있다면 갯벌에서 서식하는 바다 생물에게 영향을 미치게 된다. 그러나 순천만의 갈대밭은 민물이 바다에 유입되기 전에 마지막 정화작용을 하는 역할을 했다.

촘촘히 뿌리를 내린 갈대는 중금속을 정화하는 필터 역할을 톡톡히 해냈다. 순천만 입구에 있는 70만 평의 갈대밭은 민물이 바다로 흘러 들어가기 전, 거대한 중금속 필터가 되었다. 그래서 순천만에는 단 한 번도 적조 현상이 나타나지 않았다.

불타는
갈대밭

갈대밭은 사람에게 적지 않게 도움을 주었지만 사람들은 갈대밭을 온전히 내버려두지 않았다. 가난 때문이었다. 지금은 비만을 걱정하며 살 정도로 먹을거리가 풍부하지만 70년대 초까지만 해도 춘궁기(春窮期)를 견디지 않으면 안 되는 상황이었다. 당시에는 가을에 수확한 쌀이 떨어진 뒤 아직 보리조차 수확할 수 없는 4~5월이 되면 배를 곯아야 하는 극단적인 춘궁기를 겪어야 했다. 거의 모든 사람들이 끼니를 걱정해야 하는 상황이었다. 당시 우리나라의 식량 문제는 심각했다.

이를 지켜보던 정부는 어떻게 해서라도 쌀 생산량을 늘리기 위해 구릉지를 논과 밭으로 만들기도 하고, 서해안의 갯벌을 농토로 바꾸는 일을 독려하기도 했다. 순천도 예외는 아니었다.

순천만 사람들은 갯벌을 한 뼘이라도 개간해서 농토로 바꾸는 데 열심이었다. 갯벌과 땅이 만나는 지역에는 갈대가 무성하게 자라

70년대 초까지만 해도 순천만 사람들은 춘궁기(春窮期)를 견뎌야 했다. 보리조차 수확할 수 없는 4~5월에는 배를 곯아야 했던 순천만 사람들은 갯벌을 한 뼘이라도 개간해서 농토로 바꾸는 데 열심이었다.

고 있었다. 여름철에는 사람 키만큼 무성하게 자라지만 겨울철에는 누렇게 줄기와 잎이 말라 있는 갈대밭에 사람들은 불을 놓기 시작했다.

갈대밭을 보는 시선이 달라졌다

겨울만 되면 순천만의 갈대밭은 불타고 있었다. 불이 꺼진 갈대밭을 갈아엎으면 기름진 농토가 되기 때문에 갈대밭에는 언제나 어김없이 불길이 솟아 올랐다. 갯벌은 퇴적된 땅이기 때문에 비옥할 뿐 아니라 불에 탄 갈대 재까지 있어서 땅의 염분만 빠지면 순식간에 농경지로 탈바꿈하게 된다. 오랫동안 가난이 지속된 탓에 갯벌을 농토로 바꾸는 일은 한동안 지속될 수밖에 없었다. 갯벌을 농토로 개간하는 일은 순천만뿐 아니라 서해안 전 지역에서 계속되었다. 갯벌을 매립해 농토로 바꾸는 일이 오랫동안 지속되자 국제환경보전기구마저 한국을 매립 국가로 분류할 정도였다.

그렇게 처치 곤란이었던 갈대밭, 겨울이면 수없이 불타올랐던 갈대밭이 지금은 수많은 드라마 촬영 장소가 되고, 봄에는 연두색 새싹을 품고, 여름이면 초록색으로, 가을이 오면 햇살에 젖어 황금색으로 빛나는 순천만의 대표 풍경이 된 것이다.

제2장

순천만 최초의
흑두루미 이야기

다리를 다친
두리

불쌍한 동물과 아이의 이야기는 흔하다.

그러나 다리를 다친 철새와 소년의 이야기는 흔하지 않다.

야성을 잃은 흑두루미를 자연으로 되돌려 보낸

순천만 사람들의 이야기는 더더욱 흔하지 않다.

타고난 본성을 잃은 흑두루미에게

나는 방법,

먹이를 구하는 방법,

친구와 사귀는 방법,

고향으로 돌아가는 방법,

이별하는 방법까지 가르친 순천만 사람들의 이야기.

1980년대, 다리를 다친 두리가 한 초등학생에게 발견되었다. 초등학교 조류 사육장에서 10년 동안 길러지면서 야성을 잃은 두리는 순천만 사람들에게 최초로 자신의 존재를 알렸다. 순천만이 생태 도시 성공신화를 쓰게 된 최초의 사건이자 기적이었다.

순천만 최초의 흑두루미, 두리

1980년대부터 겨울이 되면 순천만에 두루미 40~50마리가 날아들었으나 아무도 이들에게 관심을 갖지 않았다. 점점 순천을 찾아오는 두루미의 숫자가 줄어들고 있는 1991년의 어느 날, 순천만에 인접한 농촌에 사는 한 소년이 추수가 끝난 논에서 뛰어 놀다가 두루미 한 마리를 발견했다. 아주 짧은 만남이었지만 그 만남은 순천만 사람에게 자연과의 공존에 대해 생각할 수 있는 기회를 갖게 했다. 사실 자연의 소중함에 대해 모르는 사람은 없다. 하지만 소중함을 지키려는 노력은 언제나 부족하기 마련이다. 수많은 철새들이 한국을 찾았다가 이미 죽어버린 자연에 실망하고 다시는 찾아오지 않는 것이다. 그러나 더 이상 우리나라의 환경오염이 철새들의 날갯짓 방향을 남쪽으로 바꾸도록 놔둘 수는 없다. 우리 스스로 그들을 지키는 녹색인간이 될 수밖에 없는 이유다.

몸집이 족히 1미터는 돼 보이는 두리는 어쩐 일인지 날지 못하고 논바닥에서 퍼덕거리고 있었다. 소년이 다가가자 놀란 두리는 날아보려고 안간힘을 썼지만 다리를 다쳐 더 이상 날 수 없었다. 두리를 안타깝게 여긴 소년은 집으로 뛰어가 아버지와 함께 왔다. 소년과 아버지는 다리를 다친 두리를 조심스레 안고 집으로 왔다. 자세히 들여다보니 다리에 난 상처가 생각 이상으로 정도가 심했다. 아마 저공 비행을 하다가 전깃줄에 다리가 걸려 추락한 것 같았다. 다리를 다친 두리를 바라보던 아버지가 아들에게 말했다.

소년과 흑두루미

"얘야, 이 두루미는 다리를 다쳐서 일어설 수 없으니 더 이상 날 수도 없을 것 같구나. 새가 날 수 없다면 어차피 죽을 것이니 우리가 잡아먹는 게 좋겠다. 내일 마을 사람들과 함께 술안주나 하면 되겠다."

내일이면 두리가 죽는다니 소년은 마음이 다급해졌다.

"아빠, 이 새를 살려 주면 안 돼요?" 아버지는 완고했다.

"어차피 죽을 거라니까. 그렇다고 우리가 키울 수도 없잖아."

순간 소년은 좋은 생각이 떠올랐다.

"아빠, 학교에 새장이 있어요. 거기서 키우면 되겠네요."

소년이 생각을 굽히지 않자 아버지도 어쩔 수 없이 동의했다. 소년의 아버지는 두리의 부러진 다리에 나무젓가락을 대고 단단히 묶어서 응급조치를 했다.

두리, 초등학교
사육장에 갇히다!

◤

소년과 아버지는 선생님과 상의한 끝에 순천의 남초등학교 조류 사육장에 두리를 맡겼다. 조류 사육장이라고 해봐야 오골계와 야생 오리 몇 마리를 키우는 닭장 수준이었다. 그래도 집에서 키우는 것보다는 훨씬 나을 것 같아 소년은 사육장에 두리를 데려다놓고 집으로 돌아갔다. 다리를 다친 두리는 좁은 조류 사육장에서 닭 모이를 먹으면서 조금씩 기력을 회복해 갔다. 소년은 수업이 끝나기 무섭게 두리가 있는 새장으로 달려갔다. 두리에게 먹이도 주고 말도 걸었다.

"두리야, 다리 많이 아프지? 내가 맛있는 것 많이 잡아다 줄게. 얼른 나아야 해!"

초등학교에 사는 흑두루미

소년은 여름에는 미꾸라지를, 가을에는 메뚜기를 잡아 두리에게 주었다. 시간이 흘러 소년이 초등학교를 졸업하게 되자 두리를 찾는 발길이 뜸해지기 시작했다. 소년이 조류 사육장을 방문하지 않는 동안에도 두리는 다른 조류와 함께 사육되고 있었지만 아무도 두리에게 관심을 주지 않았다.

    그렇게 10년의 시간이 흐른 2001년 어느 날. 남초등학교에서 선거 유세가 벌어졌다. 동물병원을 운영하는 김영대 원장은 선거 유세를 듣기 위해 남초등학교를 찾았다. 평소 동물에 관심이 많은지라 초등

두리를 자연으로 되돌려 보내기 위한 두리 귀환 프로젝트는 눈물겹도록 지난하고 어려운 과정이었다. 두리는 순천만에 변화를 몰고 온 최초의 흑두루미였다.

학교 정문 오른쪽에 자리 잡고 있는 조류 사육장에 자연스럽게 시선이 갔다. 그런데 조금 색다른 새 한 마리가 그의 눈에 띄었다. 가까이 다가가 보니 흑두루미였다. 김 원장은 깜짝 놀라 흑두루미가 여기 있는 경위를 물었다. 흑두루미가 초등학교 조류 사육장에 있게 된 경위를 아는 선생님은 아무도 없었고 누군가에게 10년 전에 이 학교 학생이 "순천만에서 데리고 온 새"라는 이야기를 들을 수 있었다.

흑두루미 귀환 프로젝트

김 원장은 곧바로 순천만으로 가 농민들에게 물어본 결과, 매년 겨울철이면 몇 십 마리의 흑두루미가 순천만에 날아온다는 사실을 확인할 수 있었다. 김 원장은 순천 지역 환경보호단체 회원이었다. 그는 환경보호단체 멤버들에게 순천만에 흑두루미가 날아온다는 사실을 알렸다. 그리고 그 중 한 마리가 남초등학교에 갇혀 있는데 이 흑두루미를 자연으로 돌려보내야 한다는 것도 역설했다. 환경단체 회원 중에는 순천대학교 교수, 전남대학교 교수가 있었다. 세계적인 희귀조인 흑두루미가 순천만에 날아온다는 사실은 환경단체나 학계에서도 매우 의미 있는 일이어서 다른 교수들도 흑두루미 귀환 프로젝트에 참여하기로 했다.

두리는 10년 넘게 새장에 갇혀 있었기 때문에 하늘을 날거나 먹이 활동을 하는 능력, 즉 야성(野性)을 이미 잃은 상태였다. 두리에게 다시 야성 훈련을 시켜 올겨울에 순천만을 찾아올 흑두루미 무리 속에 들어가 같이 어울려야 내년 봄에 시베리아로 무사히 귀환할 수 있다는 결론이 나왔다.

결국 비용이 문제였다. 환경단체가 아무리 비영리단체라지만 1년 동안 흑두루미에게 야생 훈련을 시키는 데는 적지 않은 비용이 들 것이다. 오랫동안 사육된 흑두루미를 야생으로 귀환시키는 일은 세계적으로도 전례가 없던 일이라 상황은 더욱 오리무중으로 치달았다. 하지만 다르게 생각해 보면 이렇게 희귀한 사건이 언론에 알려지면 관심을 끌 수 있을 것 같아 환경보호단체는 여수 MBC와 접촉을 시도했다.

여수 MBC는 즉각 이 일에 흥미를 느꼈고, 흑두루미의 귀환 과정을 다큐멘터리로 제작하겠다는 의사를 밝혔다. 또 학계에서는 세계 NGO단체에 흑두루미를 귀환시키는 일에 도움을 줄 사람을 찾는다는 사실을 일렸다. 그러자 미국의 한 조류 학자로부터 도움을 주겠다는 연락을 받게 되었다. 흑두루미 귀환 프로젝트 팀장은 처음 '두리'

를 발견한 김영대 원장이 맡기로 하고, 전 과정을 MBC에서 촬영을
담당하면서 본격적으로 진행되기 시작했다.

야성을 되찾은
흑두루미

두리의 귀환을 맡은 프로젝트 팀은 순천시의 협조로 하수종말처리
장에 대형 조류장을 만들었다. 두리가 날개를 펼쳐 자유롭게 날 수
있도록 높이 6미터 30센티미터에 달하는 안전 그물망을 설치하고 바
닥에 흙을 깔았다. 조류장 주변에 갈대를 심고 작은 연못도 만들어
최대한 자연과 유사한 환경을 만들기 위해 노력했다. 10년 동안 초등
학교의 작은 새장에 갇혀 날개 한 번 제대로 펼쳐 보지 못했던 두리
는 우여곡절 끝에 새롭게 마련된 조류장으로 옮겨졌다.

　모든 것이 차근차근 진행되었다. 훈련장으로 옮겨진 두리는 생소
한 환경에 낯설어 했지만 조금씩 날개를 펼쳐 보이며 모두에게 가능
성의 실마리를 잡게 해주었다. 두리가 초등학교 조류 사육장에 있을
때는 사료 같은 곡물류밖에 먹지 못했기 때문에 신선한 어류나 갯지
렁이 같은 육류를 먹는 훈련부터 시작했다. 두리는 그동안 조류 사육
장에서 길러지면서 야성뿐 아니라 자신의 정체성과 기본적인 욕구마

저 모두 잊은 듯했다.

야성을 잃은 흑두루미

두리가 새로운 먹이에 맛을 들이자 점점 살아 있는 물고기를 직접 잡아먹을 수 있는 훈련을 시켰다. 수심이 얕은 물가에 피라미나 미꾸라지를 풀어놓고 두리가 직접 먹잇감을 잡도록 했으나 두리는 물고기를 잡는 방법을 잊은 듯 아예 관심이 없었다. 여러 번의 시도 끝에 두리는 직접 물고기를 잡을 수 있게 되었다. 동물성 먹이를 먹으면서 기력을 되찾은 두리는 나는 훈련을 받기 시작했다. 하늘을 날아야 하는 훈련은 쉽지 않았다. 두리는 가끔씩 날개를 펼쳐 보았지만 아예 나는 방법조차 모르는 듯했다. 순간적으로 사람들이 가까이 다가가 위협해 보아도 날기보다는 종종걸음으로 도망치기에 더 바빴다. 걷는 것보다 방바닥을 기어가는 게 더 빠른 어린아이 같은 형국이었다.

조금 더 직접적으로 두리에게 자극을 가하기 위해 두리를 공중으로 던지는 방법을 시도해 보았다. 그러자 두리가 조금씩 날기 시작했다. 그렇게 매일 같은 방법으로 물고기 사냥 훈련과 날기 훈련을 반복했다. 한 달 정도 훈련하자 두리는 제법 활기차게 날기 시작했다. 훈련이 진행되는 동안 전남대학교 교수 팀은 두리의 건강검진을 실시했다. 각종 장기의 기능이 제대로 발휘되는지, 병에 걸린 곳은 없는지 등을 알기 위해 혈액 검사를 실시했다. 만약 두리가 흑두루미 무리로 귀환했을 때 몸에 전염병이라도 있다면 병을 다른 흑두루미 무리들에게 전염시킬 수 있기 때문이었다. 다행히 검사 결과 두리의 건강은 양호했고 아무런 병에도 걸려 있지 않았다.

골프연습장에서 날다!

두리가 빠르게 야성을 회복해 나가자 훈련 팀은 보다 넓은 곳에서 비행 훈련을 시도하고 싶었다. 제대로 된 비행 훈련을 하려면 넓이가 100미터 이상 되는 새장이 필요했는데 아무리 찾아도 그런 곳을 찾을 수 없었다. 그래서 대안으로 골프연습장을 생각해 냈다. 다행히 여수에 있는 300야드가 넘은 골프연습장과 교섭해 한나절을 빌리기로 했다.

대형 골프연습장에 두리를 데리고 간 프로젝트 팀은 과연 두리가 마음껏 날 수 있을지 궁금하기도 했고 다른 한편으로 부정적인 생각이 들기도 했다. 하지만 우려와는 달리 골프연습장에 풀어 놓은 두리는 이내 훨훨 자유롭게 날아다녔다.

5~6개월 정도의 훈련 끝에 두리가 야생성을 완전히 회복했음을 한눈에 알 수 있었다. 11월이 되자 몇 마리의 흑두루미들이 시베리아에서 순천만으로 날아왔다. 마지막으로 두리를 흑두루미 무리에 합류시켜 완전히 자연에 적응시키는 과제만 남은 것이다.

두리,
따돌림당하다!

흑두루미는 가족애가 강해 집단생활을 할 때도 혼자 활동하지 않고 가족끼리 작은 무리를 이룬다. 4~5마리씩 작은 무리를 짓고 다니는데 이들 대부분이 어미와 새끼들이다. 어미는 머리 부분의 색깔이 흰색이지만 새끼는 연한 노란 빛을 띠고 키가 70~80센티미터 정도로 어미보다 약간 키가 작다는 것을 육안으로 확인할 수 있다. 무리가 먹이 활동을 할 때도 한 마리는 망을 보고 있다가 위험을 알린다. 무리에 낯선 흑두루미가 끼어들면 쫓아내기도 한다. 그렇기 때문에 두리가 무리에 적응하는 과정은 더욱 힘들 수밖에 없었다. 가족이 없는 두리가 흑두루미 무리에 끼어든다는 것, 그것도 이제 겨우 나는 방법을 배운 상태에서는 힘든 과제였다.

10년 만의 해후

그렇다고 두리의 적응 과정을 뒤로 미룰 수도 없었기 때문에 12월의 어느 날, 두리 귀환 프로젝트 팀은 두리를 순천만 갈대밭에 풀어 놓았다. 두리는 주위를 두리번거리다 흑두루미 무리가 있는 곳으로 조금씩 발걸음을 옮겼다. 지켜보는 사람들의 가슴이 쿵쿵 뛰었다.

두리는 10년 만에 자신과 비슷한 무리를 발견하고는 두려움과 반가움이 교차하는 듯했다. 두리는 여러 마리가 많이 모여 있는 무리로 가기보다 서너 마리씩 모여 있는 작은 흑두루미 무리로 접근했다. 그러나 흑두루미 무리들은 곧바로 두리를 부리로 쪼아대며 무리 밖으로 쫓아냈다. 가족애가 강한 흑두루미의 습성상 어쩔 수 없는 일이었다.

두리는 놀란 듯 잠시 뒤로 물러섰으나 잠시 후 다시 무리에게 다가갔다. 다시 다가서자 흑두루미 무리는 짧은 시간 동안 경계의 눈빛을 보이다 이내 두리의 접근을 허락했다. 그리고 "꾸룻!" "꾸룻!" 하는 그들 특유의 울음소리를 냈다. 두리는 흑두루미의 울음소리를 거의 10년 만에 다시 듣게 된 것이다.

흑두루미는 혼자 활동하지 않고 4~5마리씩 작은 무리를 짓고 다니는데 이들의 대부분이 어미와 새끼들이다. 먹이 활동을 할 때도 한 마리는 망을 보고 있다가 위험을 알린다. 무리에 낯선 흑두루미가 끼어들면 쫓아내기도 한다. 겨우 나는 방법을 배운 두리는 가족도 없지만 무리에 끼어드는 일은 더더욱 힘들었다.

두리의 친구들

약간의 시간이 흐르고 갯벌에서 먹이를 먹던 흑두루미 무리들이 무
논으로 이동하기 시작했다. 프로젝트 팀은 두리의 행동이 궁금했다.
잠시 머뭇거리던 두리는 무리들을 따라 무논으로 날아갔다. 그곳에
서도 두리는 큰 무리에게는 쉽게 접근하지 못하고 근처에 있는 작은

3월 말이 다가오기 시작했다. 프로젝트 팀의 애를 타게 했던 두리가 마지막 무리들과 함께 순천만 하늘을 천천히 날기 시작했다. 프로젝트 팀원들도 '그때'가 왔다는 걸 감지했다. 순천만을 한 바퀴 크게 날던 두리는 고마운 사람들을 뒤로 하고 고향으로 돌아갔다. 그것도 흑두루미 친구들과 함께.

무리 속에서 먹이 활동을 했다. 하루 이틀 시간이 지나면서 프로젝트 팀은 두리가 서서히 무리의 중심으로 합류하는 것을 확인할 수 있었다.

그리고 정확히 일주일이 지나자 두리는 자연스럽게 무리에 적응했고 날개에도 한결 힘이 들어가 있다는 것을 육안으로도 확인할 수 있었다. 이렇게 몇 달 동안 무리 곁에서 적응을 한다면 내년 봄에는 무리 없이 수천 킬로미터를 날아 시베리아로 돌아갈 수 있을 것이라는 확신이 들었다.

"두리야! 가서 잘 살아……"

"두리야! 가서 잘 살아……"

오랫동안 바라던 일이었지만 막상 현실로 다가오니 팀원들은 이별의 아쉬움을 감출 수 없었다. 두리를 험한 시베리아로 보내야 하는 마음에는 걱정과 아쉬움, 태어난 고향에서 잘 적응해 주길 바라는 마음들이 복잡하게 얽혀 있었다.

흑두루미들은 아침을 인제나 요란한 울음소리로 시작한다. 밤새 추위에 언 몸을 녹이고 깃털을 가다듬으면서 조금씩 비상을 준비하는 것이다. 갯벌과 들판을 오가며 먹이를 찾다가 날이 저물면 흑두루미들은 하나 둘씩 갯벌로 다시 모여든다. 그리고 흑두루미는 갯벌에서 한 발로 서서 잠을 청한다. 흑두루미가 한 발로 서서 자는 이유는 두 가지다. 하나는 차가운 갯벌에 체온을 덜 빼앗기기 위해서이고, 다른 하나는 만약 위험한 상황이 발생했을 때 오므렸던 다리를 빠르게 박차고 하늘로 날아오르기 위해서다.

흑두루미들은 겨울이 깊어질수록 먹이 활동을 위해 보다 멀리 날아간다. 겨울 논에서는 흑두루미들은 청둥오리, 쇠기러기들과 함께 섞여 먹이를 찾는다. 또 갯벌에서는 재두루미나 혹부리오리들과 함께 무리를 이루기도 한다. 하늘을 날 때도 흑두루미들은 일률적인 규칙으로 날아다닌다. 흑두루미 대장의 신호에 따라 차례차례 날아올라 20~30마리씩 무리를 이룬다. 상공을 떼지어 날아다니면서 때때로 V자를 만들기도 하고 S자를 만들어 비행하기도 한다.

친구들과 순천만에서 겨울을 나다

두리 역시 흑두루미 특유의 먹이 활동을 완벽하게 수행했다. 두리 귀환 프로젝트 팀은 두리의 다리에 위치추적장치를 부착해서 언제나 두리의 위치를 확인할 수 있었다. 두리는 순천만에서 만난 흑두루미 무리 속에서 무사히 한겨울을 지냈다.

3월이 되면 순천만의 보리밭은 푸른빛으로 짙어지고 농부들의 쟁기질이 바빠지면서 흑두루미들도 본격적으로 비행 훈련을 시작한다. 드디어 시베리아로 돌아갈 시기가 된 것이다. 빨리 고향 땅으로 돌아가고 싶은 무리들은 일찌감치 3월 초부터 북쪽으로 날아가기 시작한다. 3월 중순이 되자 흑두루미 무리의 절반 정도가 시베리아로 떠났다.

이별 예감

하지만 두리는 떠나지 못하고 있었다. 친구들은 하나 둘씩 고향을 찾아가는데 두리는 두려움 때문인지 쉽게 순천만을 떠나지 못하고 있었다. 많은 흑두루미 친구들이 떠난 순천만의 들판은 더욱 쓸쓸해 보였다. 다행히 아직도 두리 주변에는 몇 마리의 흑두루미가 남아 있었다.

3월 말이 다가오기 시작했다. 프로젝트 팀의 속은 시커멓게 타들어가고 있었다. 그렇게 모두를 애타게 했던 두리가 마지막 무리들과 함께 순천만 하늘을 천천히 날기 시작했다. 프로젝트 팀원들도 그토록 기다렸던 '그때'가 왔다는 걸 감지했다.

두리는 다른 흑두루미 친구들과 순천만을 천천히 한 바퀴 크게 돌아 프로젝트 팀원들이 서 있는 곳으로 다가왔다. 잠시 지체하는 듯했던 두리가 팀원들의 머리 위로 날아올랐다. 팀원들은 만감이 교차했다. 누군가는 눈물을 글썽였다.

"두리야! 가서 잘 살아……."

오랫동안 바라던 일이었지만 막상 그것이 현실로 다가오니 이별의 아쉬움을 감출 수 없었다. 팀원들은 자신들을 안타깝게 만들기도 하고, 정도 많이 들었던 두리를 험한 시베리아로 보내야 한다는 사실에 만감이 교차했다. 거기에는 걱정과 아쉬움 그리고 태어난 고향에서 잘 적응해 주길 바라는 마음들이 복잡하게 얽혀 있었다.

두리와 그의 무리들은 북쪽을 향해 날아가기 시작했다. 위치추적 장치 상으로 두리는 서해안을 따라 북상하다가 서산 천수만을 거쳐 비무장지대로 향했다. 프로젝트 팀은 비무장지대까지 두리를 따라갔으나 더 이상 추적할 수는 없었다. 결국 두리는 마지막으로 순천

만에 남은 흑두루미 친구들과 함께 정들었던 사람들을 뒤로 하고 성
공적으로 시베리아로 날아갔다. 두리 귀환 프로젝트는 이로써 완벽하
게 성공했다.

갯벌 도시,
순천

순천은 광주(光州)에서 기차로 한 시간을 더 가야 하는 작은 도시로, 서울에서 차를 타고 가려면 지리산을 지나야 하는 탓에 하루 만에 다녀오기는 빠듯한 거리다. 근처의 여수에 공항이 있기는 하지만 활주로가 짧아 기상이 조금만 나빠도 결항되기 일쑤여서 접근하기 쉽지 않은 곳이다.

여수에는 항구가 있어 뱃길이라도 쉽게 열리지만 온통 갯벌 천지인 순천의 바닷가는 뱃길도 없어 아무리 궁리해도 외부와의 소통이 쉽지 않다. 접근성이 떨어진다는 이유로 순천이 소외 대상이 된 것은 산업화가 급물살을 타기 시작하면서부터다. 기업들이 공장을 지어 가동하고 자재나 상품을 운송하기에 적합하지 않았기 때문에 순천은 언제나 개발 대상에서 밀려나기 일쑤였다.

반면 여수에는 하루가 멀다 하고 공장이 들어섰고 정부에서도 호남지방 산업화 지역으로 여수를 선정하면서 석유화학 단지가 조성되기 시작했다. 인근의 광양군은 포항제철 공장이 자리를 잡으며 공업도시로 도약했고, 부산항의 넘치는 물동량을 보완하기 위해 제2항만이 건설됨으로써 광양의 인구수는 급속하게 늘어났다.

농촌 도시, 순천

과거 농경 시절에는 갯벌을 간척지로 만들어 농사를 지을 수 있던 까닭에 여수나 광양보다 여러모로 유리한 여건을 갖추고 있었던 순천이었지만 산업시대로 들어서면서 정반대의 양상을 띠게 되었다. 나날이 발전하는 여수와 광양의 모습을 보면서 상대적으로 순천은 자꾸만 작아지는 느낌이었다.

이미 산업도시로 발전한 여수나 광양과 인접해 있지만 순천은 아직도 농촌 모습을 그대로 유지하고 있었다. 시간의 흐름에 따라 어느 정도 개발과 발전이 이뤄지기는 했지만 다른 도시에 비해 산업화 속도가 늦다 보니 여전히 농촌 이미지가 강했고 '농촌 도시'라는 별칭까지 생겼다.

오랫동안 하늘에 순응하며 맑은 자연과 더불어 사는 일에 만족하며 살아가는 방법을 알고 있던 순천 사람들. 기름진 땅에서 땀 흘려 농사짓고, 바다에 나가 고기를 잡고, 바닷물이 빠지면 갯벌에서 조개와 꼬막을 캐며 살아온 그들과 산업화는 확실히 어울리지 않는 조합이었다. 농번기에는 땅에서 곡식을 얻고, 농한기에는 바다로 나가서 먹을거리를 조달해야 했던 순천 사람들에게 순천만의 갯벌은 식재료를 구할 수 있는 공간에 불과하지 않았다.

순천만의
가치를 찾아라

모름지기 현실은 냉정한 법이다. 순천 사람들은 더 이상 주어진 현실에 순응하며 살고 싶어 하지 않았다. 먼저 순천시에서는 중장기 플랜을 짜기 시작했다. 당장 바꿔야 할 것이 하나 둘 아니었지만 서두르지 않았다. 먼저 순천시가 2020년까지 어떻게 변화해야 하는지를 그리는 태스크포스 팀을 구성했다. 시청 직원과 각계 전문가가 모여 도시발전위원회를 구성하고 중장기 계획을 마련하는 데 골몰했다.

앞으로 순천은 무엇으로 살아야 하나?

전문가로부터 자문을 받기 위해 관련 단체와 워크숍도 실시했다. 노관규 순천시장이 시청 직원, 전문가와 함께 끊임없이 고민한 주제는 단 하나였다. 그는 모두가 모인 자리에서 가장 첨예한 화두를 던졌다.

"앞으로 순천은 무엇으로 먹고살아야 할지 여러분의 의견을 듣고 싶습니다."

갑론을박이 이어졌다.

"농업만으로는 성장에 한계가 있기 때문에 산업을 키워야 합니다."

"산업시설이 들어서기에는 인프라가 부족합니다."

"인근 여수는 항만이 잘 만들어져 있어 석유화학단지가 들어섰지만 순천은 앞바다가 온통 갯벌이라 아무것도 만들 수 없습니다."

"갯벌이 문제입니다. 지금이 농업시대라면 갯벌을 개간해 농토로 만들었겠지만 지금처럼 쌀이 남아도는 시기에는 그것마저도 쓸모가 없습니다."

"그럼 새로운 시설을 지으면 어떻겠습니까?"

"4~5년 전 그곳에 태양광 발전소를 지으려 했으나 환경단체의 반대로 무산되었습니다."

"그럼 순천만 일대에 관광단지를 만드는 것은 어떨까요. 리조트나 호텔, 골프장 등을 건설하면 많은 사람들이 오지 않을까요."

"그렇다 해도 서울에서 순천까지의 거리를 생각하면 메리트가 많지 않습니다."

"관광산업을 개발해 봅시다."

"관광산업을 키우기에도 장애 요소가 많습니다. 우선 순천은 서울에서 너무 멀어요. 특별한 볼거리 없이는 관광객 유치가 쉽지 않죠."

"인근에 송광사와 선암사 같은 관광 명소가 있잖습니까."

"물론 송광사, 선암사는 훌륭한 사찰입니다. 하지만 서울 사람들이 단지 이 사찰만을 보기 위해 차로 4~5시간이 걸리는 거리를 내려올까요? 사찰을 보려면 내려오는 길에 속리산 법주사도 있고 경상도로 가면 해인사도 있는데 굳이 송광사나 선암사로 올 사람이 얼마나 될까요? 차별화가 되지 않습니다."

"그러면 낙안읍성(樂安邑城)은 어떻습니까. 600년이나 된 옛 성인데. 복원에 좀 더 신경 쓰면 꽤 괜찮은 관광지가 될 법도 한데요."

"낙안읍성은 뛰어난 역사성을 가지고 있지만 하회마을에 비하면 인지도가 떨어집니다."

이유도 많고, 방법도 많았지만 답이 없었다. 노 시장은 부임 이후 꽤 많은 시간이 지났는데도 시 발전을 위한 뾰족한 수를 찾지 못해 마음이 조급해졌다. 직원들이 모두 퇴근한 후 책상 앞에 앉아 있을 때면 더욱 절망감이 밀려왔다.

'과연 우리에게 희망이 있는 걸까?'

노 시장은 답답한 마음에 기분 전환 겸 순천만을 찾아갔다. 광활한 갯벌에 끝없이 펼쳐진 갈대밭을 보니 그동안 쌓여 있던 스트레스가 갈대 바람과 함께 날아가는 듯했다. 그는 고등학교를 순천에서 다녔지만 학교를 졸업하고는 줄곧 서울에서 지냈다. 서울에서 17년 동안 생활하다 다시 순천에 내려와서인지 갯벌 내음과 갈대 바람이 영혼을 맑게 해주는 듯했다. 그러다 문득 생각이 떠올랐다.

'그래. 도시 생활에 지친 사람들은 자연과 생태를 체험하고, 그런 곳에서 하루라도 쉬고 싶어 할 거야. 순천 사람의 눈으로 보지 말고 관광객의 눈으로 답을 찾아야 해!'

순천만을 다시
발견하다!

구글 어스에 나타난 순천만의 모습.
거대한 갯벌의 존재가 비로소 눈에 들어오고
순천의 보석이 노관규 시장의 눈에
들어오는 순간이었다.

노관규 시장은 순천만에 대해 더 알아보기 위해 인터넷에 들어가 순
천만을 검색했다. 검색 결과가 몇 십 페이지에 걸쳐 나왔지만 어느

하나 눈에 들어오는 정보가 없었다. 마지못해 창을 닫으려는 순간 노 시장의 눈에 '구글 어스(Google Earth)'라는 메뉴가 보였다. 구글 어스는 지명을 입력하면 생생한 위성사진을 보여주는 웹 서비스다. 노 시장은 호기심에 '순천'을 키워드로 넣어보았다. 바로 그때 그는 놀라운 발견을 하게 된다.

순천만 근처를 확대해 보니 그 동안 지도에서 볼 수 없었던 새로운 모습이 보였다. 강과 만나는 지점에 형성된 넓은 갈대밭도 보였고, 갈대밭의 동그란 모양도 볼 수 있었다. 다시 사진을 축소하자 고흥반도와 여수반도가 에워싸고 있는 순천만 전체의 모습이 드러났다. 두 개의 반도가 바다 쪽으로 나가면서 퍼지는 것이 아니라 오므라져서 항아리 모양을 하고 있는 게 아닌가! 항아리의 입구는 몇 개의 섬이 가로막고 있었다.

'이거다!'

마침내 거대한 갯벌의 존재가 그의 눈에 들어온 순간이었다. 순천만은 커다란 파도가 밀려와도 항아리처럼 입구가 좁고 그 입구조차 몇 개의 작은 섬들이 가로막고 있어 잔잔한 바닷물만 들락거리는 구조였다. 그러니 퇴적물이 파도에 쓸려 나가지 않고 몇 천 년 동안 그 자리에 쌓이고 쌓여 광활한 갯벌을 형성할 수 있었다. 태풍이 불어도 순천만의 바다에는 아무런 영향이 없었고, 언제나 호수처럼 잔잔한 상태를 유지하고 있었기 때문에 갯벌 위에는 수많은 생물이 살 수 있었다. 따라서 이 생물들을 먹이로 하는 철새들이 순천만에 모여드는 건 당연한 일이었다.

그때까지 순천만을 보는 방법은 두 가지뿐이었다. 땅에서 갯벌을 바라보는 방법과 지도를 놓고 행정구역으로서 순천을 보는 방법이 그것이다. 두 가지 모두 경험적 사고에 기반을 두고 사람의 눈으로 갯벌을 바라보는 것이었다. 그러나 위성사진에서 보는 시선은 마치 새의 눈으로 보는 것과 같아서 순천만의 지형과 생태 모습이 한눈에 그대로 드러나 보였다. 세계적인 희귀조 흑두루미가 순천만 갯벌을 찾아오는 것도 바로 이런 이유에서였다.

숨겨진 보석, 갯벌

흑두루미의 눈에 비친 순천만은 갯벌이 넓어 먹이 자원이 풍부하고 갈대가 무성해 서식하기에 더할 나위 없이 좋은 환경이다. 매년 이곳을 찾는 철새의 눈에도 최상의 생태 환경을 갖추고 있는 곳이 바로 순천만이었던 것이다.

"아, 갯벌이 순천의 숨겨진 보석이었구나!"

순천시의 최대 관광자원이 바로 눈앞에 펼쳐져 있는데도 불구하고 아무도 그것을 제대로 바라보지 못했던 것이다. 노 시장은 바로 태스크포스 팀과 대화를 시도했다. 그는 순천이 다른 도시들과 차별화되는 점은 무엇이며 관광객들이 순천시에서 무엇을 보고 싶어 하는지를 놓고 긴 토론을 이어나갔다. 그는 소신을 굽히지 않았다.

"순천은 자연이고, 자연은 우리의 생태다."

그리고 그는 아무렇게나 버려져 있던 순천만을 자연으로 되돌려 청정 생태의 환경을 만드는 데 초점을 맞췄다. 태스크포스 팀은 순천

순천시의 최대 관광자원이 눈앞에 펼쳐져 있는데도 불구하고 아무도 그것을 제대로 바라보지 못했다. 노 시장은 아무렇게나 버려져 있던 순천만의 자연을 복원해 청정 생태 환경을 만드는 데 초점을 맞췄다.

의 미래는 생태에 있다는 전제 하에 '대한민국 생태 수도 순천'이라
는 비전 슬로건을 정했다.

녹색 지능이
높은 사람들

하버드 대학 하워드 가드너(Howard Gardner) 교수는 '인간의 지능은 여러 가지다'라는 내용의 『다중지능 Multiple Intelligence』이라는 책을 저술했다. 사람에게는 언어지능, 음악지능, 논리지능, 공간지능, 운동지능, 인간친화지능, 자기성찰지능, 자연친화지능이 있으며 이 중 자연친화지능은 식물이나 동물 또는 자신이 살아가고 있는 환경에 관심을 가지고 그 인식과 분류에 탁월한 전문 지식과 기술을 발휘하는 능력을 말한다. 이 자연친화지능이 바로 녹색 지능(Green Intelligence)이다. 이런 지능에서 탁월한 능력을 가진 인물로 다윈과 파브르 등이 있다.

순천시 관광진흥과 사람들

노관규 시장은 새로운 순천을 만들려면 무엇보다 공무원들의 지혜가 필요하다고 생각했다. 그는 사람들이 지혜를 발휘하는 방법에는 두 가지가 있다고 믿었다. 첫째는 경험을 잘 활용하는 것이다. 하지만 미래지향적이지는 못하다. 두 번째는 어느 정도 경험을 가진 중간 관리자가 학습을 통해 새로운 지혜를 터득해 가는 것이다. 노 시장에게는 순천만을 새로운 생태 환경으로 만들어갈 녹색 지능이 높은 젊은 리더가 절실했다. 생각 끝에 MBC 방송과 함께 '기적의 도서관'을 만든 최덕림 과장을 불러들였다.

"순천만의 생태 환경을 복원하려면 현재의 관광과 체계로는 어려울 것 같습니다. 순천만에 관한 모든 행정 업무를 하나로 통합하는 대과(大課)를 만들려고 하니 최 과장이 이 일을 맡아 보는 게 어떨까요? 시청 내에 있는 11과에서 한 사람씩 차출해 관광진흥과에 모으세요. 그리고 순천만에 관한 건축과, 농업과, 환경과, 상하수도과 등의 업무를 관광진흥과에서 통합 처리하는 게 좋겠습니다. 현재 순천만은 일부 훼손된 상태니 이를 자연 상태로 복원하고 앞으로 모든 개발을 제한하도록 합시다."

자신의 분야에서 가장 잘할 수 있는 사람

노 시장의 생각은 적중했다. 녹색 지능이 높은 직원을 전진 배치해서 일을 처리한다는 발상은 경영학적으로도 이미 입증된 인사 전략이었기 때문이다. 아무런 단점도 없는 사람을 찾는다거나 혹은 리스크를 줄이는 데 기준을 두고 인력 배치를 한다면 기껏해야 평범한 인사로 끝나고 말 것이다. 반대로 큰 강점을 지닌 사람은 언제나 그에 상당한 단점도 지니고 있는 법이다. 무엇보다 가장 적합한 인사는 결국 해당 분야에서 일을 가장 잘 처리할 수 있는 사람인 것이다.

순천만의 상황도 결코 녹록치 않았다. 먼저 순천만 주변의 자연을 보전해야 하는데 주민들이 순천만 주변에 집을 지었고 요식 업체들이 식당 건축 허가를 신청하면 건축과 입장에서는 허가를 내주지 않을 수 없었다. 이미 순천만 주변에 들어선 음식점, 모텔, 펜션을 철수시키는 일은 결코 쉬운 일이 아니기 때문에 모든 행정 기능을 관광진흥과로 통합시켰다. 최덕림 과장은 시청 내 11개 과에서 녹색 지능이 발달된 22명의 사람들을 선발해 관광진흥과를 출범했다.

Chapter 3

흑두루미처럼,
자연처럼

순천만을 생태 습지로
복원하다

순천만은 순천만 사람들을
달라지게 만들었다. 그들은
불편과 희생을 감내했을 뿐 아니라
생태 환경을 복원하기 위한
노력을 아끼지 않았다.

그 누구도 거들떠보지 않았던 순천만 갯벌.

자연이 순천에게 준 보석을 새롭게 다듬기 위해

순천만의 사람들은 많은 것을 바꿔야 했다.

농사법을 바꾸고,

자신의 이익을 위해 갈대밭에 불을 놓지 말아야 했으며,

갯벌 주위에 들어서 있는 인간의 흔적을 지우고,

철새들의 자유로운 비행을 위해 전봇대를 없앴다.

그들은 아직도 많은 것을 희생하고 감내하면서

순천만을 생태 교과서로 만들기 위해 변화의 불꽃을 지피고 있다.

순천만에서는 자연과 인간의 교감이 이뤄지고 있었다.

산업화를 가로막은 자연의 혜안(慧眼)

순천만이 세계적인 관광지로 주목받기 전에는 갯벌에 아무 관심을 갖지 않았고, 쓸모없는 갯벌이 커다란 관광 자원이 되리라 생각한 사람도 없었다. 순천시나 중앙 정부도 마찬가지였다. 순천 인근의 여수나 광양에서 공업단지가 들어서고 산업화가 빠르게 진행될 때도 순천은 갯벌 때문에 항만을 건설할 수 없어 산업시설이 들어서지 못했다. 자연이 산업화를 가로막고 있었던 것이다.

하지만 전세는 완전히 역전되었다. 당시 순천의 산업화를 가로막았던 자연이 오히려 순천에게 귀한 선물을 안겨준 것이다. 산업 시설이 들어서지 않아 갯벌이 용케 자연 그대로 살아남을 수 있었고 갯벌이 있기에 바다 생태계가 형성될 수 있었으며, 갯벌 덕분에 세계적인 희귀조가 순천만을 찾아오게 된 것이다.

희망 순천 2020 로드맵

노 시장은 버려져 있던 갯벌을 관광 자원으로 만들기로 마음먹고 '대한민국 공감 기적 불씨가 되다, 생태 수도'라는 슬로건으로 순천만을 세계적인 관광지로 개발하고 있다. 창의성이라는 것은 그리 대단한 과정을 거치거나 거창한 것이 아니다. 이전에 없었던 새로운 생각을 해내는 것뿐 아니라 아무도 주목하지 않은 일을 찾아내 그것을 제대로 활용하는 것 또한 신선한 창의력일 수 있다.

도시발전위원회가 6개월 만에 작성한 '희망 순천 2020 로드맵'에는 순천만 갯벌을 생태 관광지로 개발하는 프로젝트가 단연 최우선 과제였다. 드디어 2020년까지 순천을 세계적인 생태 도시를 만들겠다는 비전이 수립된 것이다.

과정은 결코 순탄하지 않았다. 가장 큰 난관은 '돈'이었다. 생태 습지를 복원하려면 재원이 필요한데 재정자립도가 낮은 순천시의 재정으로는 도저히 감당할 수 없는 수준이었다. 중앙 정부의 국고 보조 없이는 습지 보존이 불가능했다.

화장실 프레젠테이션

순천시청 관광진흥과 최덕림 과장은 습지 보존 방안을 구체적으로 설명하는 프레젠테이션을 기획했다. 그리고 습지 보존 방안이 담긴 노트북을 들고 무작정 서울로 올라갔다. 처음에는 어느 부서의 누구를 만나야 할지 몰라 이 부처 저 부처를 찾아 다녔다. 국토해양부를 찾아갔지만 담당자를 만나기도 힘들었다. 시간이 없다는 사람을 화장실까지 쫓아가 화장실 전기 코드에 컴퓨터 전원을 연결하고 즉석에서 설명하는 일도 마다하지 않았다. 그는 그렇게 간절했고 집요했다. 그러자 담당 과장이 시큰둥하게 대답했다.

"습지를 보호하려면 그냥 두면 되는 것 아닙니까? 보존하는 데 무슨 돈이 필요하다는 거죠?"

"환경은 그대로 두면 파괴됩니다. 순천만을 세계적인 생태 습지로 복원하려면 지금 당장 해야 할 일이 많습니다. 중앙 정부의 재정 지원 없이는 불가능하니 꼭 좀 지원해 주십시오."

서울~순천 핑퐁 게임

갯벌이나 습지가 어떤 것인지에 대한 이해가 없는 중앙 정부를 설득하는 일은 여간 어려운 일이 아니었다. 답변을 기다리다 이메일을 보내고, 전화도 하다가 그래도 답이 없으면 지체 없이 가방을 꾸려 매번 서울로 올라갔다. 이렇게 끈질긴 그의 노력으로 담당 과장이 국장에게 여러 차례 보고한 끝에 국장이 관심을 보이기 시작했다.

기회를 놓치지 않고 이번엔 노 시장이 직접 나섰다. 국토해양부를 찾아가고 농림부, 문화관광부를 차례로 찾아가기를 반복했다. 2008년에 한국에서 개최하기로 되어 있던 람사르 총회의 덕도 컸다. 국제 행사를 유치하는 만큼 정부에서도 습지 보존의 중요성을 조금씩 인식하고 있었다.

처음에는 자기 부처의 일이 아니라고 서로 다른 부처로 떠넘기기에 급급했던 부처들이 서서히 관심을 보이더니 조금씩 예산 지원을 하기 시작했다. 적은 액수나마 예산이 지원되면서 순천시 습지 복원에 단비가 내리기 시작했다. 처음에는 예산 지원을 놓고 티격태격하던 순천시와 국토해양부, 환경부, 문화관광부와의 관계도 좋아지고 업무 협조도 원활하게 되기 시작했다.

철새를 위한
청정 농사

농민들은 자연에 해를 주지 않는 청정 방법으로 농사를 짓기 시작했다. 청정 볍씨가 논에 많이 남아 있어야 흑두루미들이 안전하게 먹이를 먹을 수 있기 때문이다.

자연과 생태는 개념이 조금 다르다. 미국의 그랜드 캐니언은 규모가 엄청나서 보는 사람 모두 "와!" 하는 탄성과 함께 여간해서는 벌어진 입을 다물기 힘들 정도다. 그러나 너무 단조롭다는 것이 흠이다. 10분 정도 경치를 바라보면 이곳을 보아도 저기를 보아도 다 비슷하다. 봄에 보아도 여름에 보아도 그랜드 캐니언은 그저 그대로다. 생명체가 없기 때문에 언제 보아도 같은 모습에 감동도 없다. 반면 생태는 살아 있는 것과 자연이 결합되어 있다. 계절에 따라, 환경의 변화에 따라 그 모습이 달라진다.

순천만에는 갯벌만 있는 것이 아니라 살아 있는 갈대가 있어서 풍경과 정취가 시시각각으로 달라진다. 자연이 가진 동적인 생태 환경을 보여주려면 식물만으로는 부족하다. 동물이 같이 어우러질 때 보다 다이내믹한 생태 환경이 연출된다.

갯벌, 갈대, 철새의 어우러짐

동물의 모습으로는 길들여지지 않는 조류가 최고다. 갯벌과 갈대, 철새가 어우러질 때 완벽하게 멋진 생태 환경이 만들어지는 것이다. 무엇보다 철새는 정직하기 때문에 생태 환경의 바로미터 역할을 한다. 철새가 많이 날아오게 하려면 자연 환경이 깨끗해야 하는 것은 물론이고 먹잇감도 풍부해야 한다.

가을철 추수를 하고 난 논에 낙곡이 풍부해야 청둥오리, 기러기, 두루미들이 많이 날아온다. 청정 상태의 낙곡이 논바닥에 남아 있으려면 농사법도 바꿔야 한다. 농약을 쓰지 않거나 적게 써야 청정 볍씨가 논에 남아 있게 된다. 농약을 쓰지 않으면 병충해로 인해 소출이 줄어들기 때문에 농민들은 어쩔 수 없이 농약을 쓰게 된다.

그래서 순천시는 대대뜰에서 농사를 짓는 농민들이 농약을 쓰지 않으면 시청에서 이를 보상해 주고 벼 수매(收買)를 책임지기로 했다. 사람을 위해서 벼농사를 짓기만 했던 순천만 일대의 농민들은 철새를 위해 청정 농법으로 기존의 농사법을 바꾸기 시작했다.

노심초사

순천만의 가치를 먼저 알아본 건 국제환경단체였다. 특히 2008년 람사르 총회단에서 총회 개최 장소를 한국으로 정하고, 탐방지로 순천만이 선정되면서 순천만은 단숨에 세계적인 생태 관광지로 떠올랐다.

노 시장은 순천의 비전 슬로건을 '대한민국 생태 수도 순천'으로 정할 때부터 시민들의 반대를 느낄 수 있었다.

"산업 개발을 해서 순천을 잘 살게 해야지. 갯벌이 밥 먹여 주나?"
"생태가 뭐냐, 얼리면 동태고 말리면 명태냐?"

시민들은 대놓고 노 시장을 비아냥댔다. 더구나 순천만 일대에서 농업과 어업을 하는 사람들의 반대는 더욱 심했다. 생태 환경을 만들려면 농토 개간이나 어로 행위가 제한될 것이 불을 보듯 뻔했기 때문이다. 예상대로 순천만 인근의 모든 지역이 생태보존지구로 선정되면서 순천만에서 일체의 개발 행위가 제한되었다. 노 시장으로선 쉽지 않은 결정이었다. 민선시장으로서 유권자인 농민과 어민들의 표를 잃는 일이었기 때문이다.

과연 관광객이 올까?

시청 내부에서도 그를 향한 곱지 않은 목소리가 들렸다. 가뜩이나 부족한 인력을 차출해 순천만을 담당하는 관광진흥과에 몰아주니 다른 부서에서 좋아할 리 없었다. 또 하나는 행정력과 인력을 순천만에 집중시켜 생태 환경을 개선하고 관광 거리를 만들었는데 문제는 '과연 관광객이 올 것인가?'였다.

관광진흥과는 서울에 있는 환경단체와 접촉해 순천만의 생태 환경 복원을 알렸다. 또 젊은 직원들은 인터넷 커뮤니티를 찾아다니며 각종 사진, 동영상 자료를 여행 사이트에 노출시키며 순천만의 생태 환경을 홍보했다. 오프라인 홍보로는 서울 강남고속버스터미널에 있는 대형 광고판을 통해 순천만의 아름다운 모습을 보여주었고, 여러 여행사에 홍보해서 지리산과 남해안 여행 코스에 순천만도 함께 끼워주도록 노력했다. 순천만 관광 입장료뿐 아니라 주차도 무료로 할 수 있도록 배려했다. 모든 일이 갑자기 저절로 이뤄지지는 않는다. 이런 열띤 홍보 활동에도 초반에는 관광객들이 많이 찾아오지 않았다.

세계가 먼저 알아보다!

노 시장 혼자 노심초사(勞心焦思)하는 시간이 흘러갔다. 그는 방법을 찾고, 실천하는 것에 멈추지 않고 환경단체와 국제환경단체에 순천만을 알리는 일을 게을리하지 않았다. 먼저 국제환경단체에서 순천만에 적극적인 관심을 표하며 순천만을 세계 5대 연안 습지의 중요한 자원으로 인정했다.

순천만이 세계 5대 연안 습지로 인정받자 순천시는 더더욱 홍보에 열을 올렸다. 순천만이 세계적인 생태 자원으로 인정받았다는 사실이 알려지면서 서서히 관광객이 늘어나기 시작했다. 또 국제환경단체인 람사르 총회단에서 2008년에 람사르 총회를 한국에서 개최하고, 탐방지로 순천만이 선정되면서 순천만은 단숨에 세계적인 생태 관광지로 떠올랐다.

인간의 흔적을
지우다

▲

특별한 컨셉트나 전략 없이도 도시 개발이 한창이던 시절에는 항상 사건이 생길 때마다 당시로서는 가장 최적안을 찾아 개발을 진행할 수밖에 없다. 10여 년 전의 순천만은 그저 '갈대가 많은 갯벌' 정도로 인식되어 순천이나 여수, 광양 사람들이 가끔씩 찾는 한적한 곳에 불과했다. 그게 조금 입 소문이 나면서 주말에 갈대를 좋아하는 사람들이 모이기 시작하면서 순천만 주변에 슈퍼마켓, 음식점, 민박집이 하나 둘씩 들어섰다.

또 순천만에는 짱뚱어탕과 장어구이가 유명해 대대포구와 갯벌 뚝방 길에 음식점들이 하나 둘 들어서기 시작했다. 장사가 잘 된다는 소문이 나자 음식점을 내겠다는 건축 신청이 밀려 들어왔고 건축과에서는 특별한 문제가 없는 한 건축 허가를 내주었다. 갯벌과 농경지가 붙어 있는 곳에 공터가 많아 시에서도 새로운 시설물을 설치해야 할 때는 이곳에 만드는 게 좋겠다고 판단했다. 노 시장이 취임하

갯벌과 논 사이에 있는 장어구이 가게들은 장사가 잘 되었지만 오수 배출과 소음 발생이 잦아 흑두루미의 서식 환경에 좋지 않은 영향을 미쳤다. 음식점들은 장사가 잘 되는 곳에서 자리를 옮기길 원치 않았다. 여러 번의 설득 끝에 음식점 주인들은 순천만 입구 쪽으로 옮기는 데 합의했다.

기 전에는 순천시에서 어린이교통교육센터를 만 근처의 시 부지에 신설하기도 했다.

순천만에서 사라진 것들

하지만 노 시장은 만 근처에 교통 시설물이 들어서고, 사람들이 많이 접근하는 것은 환경 보전에 도움이 되지 않는다고 판단해 순천만과 떨어진 곳에 교통시설물을 건축할 것을 지시했다. 그리고 그 부지에 생태관을 짓고 순천만을 찾는 관광객을 위한 주차장을 건립하도록 했다. 이전에는 순천만을 찾는 사람들이 별로 없어서 주차장이라는 것이 따로 없고 공터에 무질서하게 주차를 했다.

　노 시장은 앞으로 많은 사람들이 순천만을 찾을 것으로 예상하고 대형 주차장을 확보하는 것이 시급하다고 생각했다. 순천만 일대에 어떤 건물도 신축할 수 없도록 했으며 지금 있는 건물들도 모두 철수할 것을 지시했다. 빈 터에 건축물을 짓는 것보다 백 배는 더 어려운 일이 현재 들어서 있는 건축물들을 철거하는 것이다.

노 시장은 앞으로 많은 사람들이 순천만을 찾을 것으로 예상하고 대형 주차장을 짓고, 생태관을 만들어 관광객들이 순천만을 편리하게 찾아오고 갯벌을 이해하는 데 도움이 되도록 했다.

흑두루미를 위한 환경

먼저 대대포구에 몰려 있는 잡상인들을 처리해야 했다. 포구에는 유람선을 타기 위해 많은 관광객들이 모이기 때문에 기념품점과 음식점들이 즐비했다. 먼저 기념품점을 순천만 외곽으로 이주시키고, 그 자리에 휴게실과 화장실을 만들었다.

그 다음에는 뚝방 길에 길게 늘어서 있는 장어구이 가게들을 이주시켜야 했다. 갯벌과 논 사이에 있는 장어구이 가게들은 장사가 잘 되었지만 오수 배출과 소음 발생이 잦아 흑두루미의 서식 환경에 좋지 않은 영향을 미쳤다. 음식점들은 장사가 잘 되는 곳에서 자리를 옮기길 원치 않았다. 여러 번의 설득 끝에 자리를 순천만 입구 쪽으로 옮기는 데 합의했다. 그렇게 시설물들을 하나 둘씩 철거하고 공터 역시 습지로 바꾸었다. 새들은 수심 10~20센티미터의 습지를 좋아하므로 그동안 버려져 있었던 공터를 습지로 만들어 더 많은 새들이 자유롭게 찾아올 수 있는 환경을 만든 것이다.

순천만으로
가는 길

▶

2008년 가을, 국화꽃이 활짝 핀 여수공항에 내려 순천 가는 버스를 타고 가는 내내 생각했다. '내가 지도에서 순천을 본 적이 있나?'

　순천시로부터 간부와 직원들의 스토리텔링 교육을 의뢰받고 이런 저런 자료를 검토하기는 했다. 그러나 어느 도시든 잠깐이라도 살아 보지 않고는 그곳을 안다고 얘기할 수 없다. 보름 전 순천시청 직원이 사무실로 찾아왔다.

스토리텔링의 힘

"저희 시청 직원들의 교육을 맡아 주실 수 있습니까?"
"제가 뭘 알려 드리면 될까요?"

"순천 관광이 재미가 없다고들 해서……."

"순천이 무엇으로 유명합니까? 순창고추장 같은……."

"그야 갯벌이지요. 순천만 갯벌은 일품입니다."

"갯벌이 갯벌이지, 뭐 그리 대단하려고요."

"많이들 와서 구경하고 갑니다."

"그게 전부입니까?"

"그러니까 그게 문제입니다. 그냥 한 번 보기엔 좋은데 그게 다입니다."

"재미가 없다 그거지요? 스토리가 없어서."

"맞습니다. 스토리를 만들어서 재미있게 이야기하는 방법을 알려 주십시오."

한참 스토리에 관심이 많을 때였기에 제안에 흥미를 느낀 나는 그 자리에서 수락했다.

"시장님은 어떤 분이신가요?"

"시장님은 순천을 새롭게 바꾸어 놓으신 분입니다. 버려져 있던 순천만을 세계적인 관광지로 바꿔 놓았으니까요."

조직을 교육하고 컨설팅할 때 중요한 것은 리더의 비전과 철학이다. 그래서 나는 순천에 가기 전에 해당 조직을 이끌고 있는 리더에 대해 알고 싶었다.

"시장님도 뵙고 싶어 하십니다. 내려오신 김에 순천만도 둘러보시죠."

여수공항에서 20분쯤 지나 순천 시내로 들어왔다. 시장을 만나기로 약속한 시간보다 한 시간 앞서 시청에 도착했다. 이렇게 실망스러울 수가. 흔히 시청은 20~30층 정도의 웅장함을 자랑하는 청사가 대부분인데 순천시청은 3층짜리 낡은 건물을 쓰고 있었다. 거의 군청 규모였다. 2층에 있는 시장실에 들어서자 40대 중반의 노 시장을 만날 수 있었다.

"먼 길 오느라 고생하셨습니다. 노관규라고 합니다."

실무형 민선 시장

노 시장은 한눈에도 격식을 따지지 않는 활동적인 사람으로 보였다. 노타이 차림이었고, 그리 크지 않은 집무실을 둘러봐도 손님 맞을 준비 따위에는 전혀 신경 쓰지 않는 타입이었다. 집무실 벽은 각종 지도와 브리핑 차트로 도배되어 있었고 책상 위에는 책과 서류가 어지럽게 쌓여 있었다. 그렇다고 그는 예의를 모르는 사람이라기보다 자신의 업무에 온 신경을 곤두세우는 실무형 시장이라는 느낌이 더 강했다. 인사치레를 생략하고 자리에 앉자마자 일 얘기부터 시작하는 것만 봐도 그는 확실히 실무형이었다.

"지난해부터 관광객이 눈에 띄게 늘긴 했는데 모두 통과형이에요."

통과형은 그냥 가다가 들른다는 얘기다. 구경만 하는 여행객은 속된 말로 돈이 안 된다. 아마도 시장은 그것이 무척 마음에 걸렸던 모양이었다.

"관광버스 타고 와서 한 번 휙 둘러보고 갈 뿐 체류형이 아니라는 게 문젭니다."

그는 이미 답을 알고 있는 듯한 표정으로 나를 쳐다보았다.

"순천 관광을 체류형으로 바꾸려면 관광객을 하루라도 더 붙들어놓을 수 있는 스토리가 필요합니다."

볼거리만으로는 안 되고 이야깃거리가 있어야 한다는 그의 말에 강한 의지가 배어 나왔다.

변화의 불꽃

"풍부한 스토리가 있는 순천의 관광 자원을 발굴해 관광객의 흥미를 유발할 수 있도록 해야 하는데 우리는 그것을 어떻게 해야 하는지 잘 몰라요. 공무원 생활을 오래하다 보면 고정관념에 빠져 변화를 싫어하죠. 항상 '창의 행정'을 강조해도 그 대목은 잘 안 되고 있는 게 사실입니다."

잠시 나와 눈을 마주친 시장은 무엇인가 떠올랐다는 듯 두 눈을 반짝이더니 이내 자리에서 일어났다. 그리고 방 한쪽에 놓인 차트 하나를 자리로 들고 왔다.

"여기 보십시오. 이건 순천만과 동천을 연결해 배로 관광할 수 있도록 하는 새로운 계획입니다. 여수엑스포가 열리기 전에 이 계획을 완성시킬 생각입니다. 올해 람사르 총회가 한국에서 열리는데 그때 총회 참가단이 우리 순천만을 방문하기로 되어 있어요. 그 전에 개선해야 할 것이 수없이 많은데 우리 직원들은 이 중요성을 잘 모르는 것 같아요. 주차장을 넓히고, 길도 새로 내고, 전봇대도 뽑아내야 하는데 생각처럼 잘 안 되네요."

시장은 갯벌에 모든 것을 걸고 있는 것 같았다. 그의 눈에서 변화의 불꽃을 볼 수 있었고, 그의 말에서는 열정이 쉼 없이 뿜어져 나왔다. 에너제틱한 사람이었다.

격식을 따지지 않는 실무형 민선 시장 노관규는 순천만의 진가를 가장 먼저 알아본 사람이었다. 그는 수많은 장애와 난관에도 굴하지 않고 순천만이 세계적인 생태도시로 발전하는 데 견인차 역할을 자처했다

순천만을 좀 더 넓게 보려면 높은 곳으로 올라가야 한다. 전망대가 있는 곳에서 바라본 순천만의 장관은 비경이 따로 없다.

흑두루미의 눈으로
보라

Chapter 3

"버려져 있던 갯벌을 생태 습지로 되살리고, 숨어 있는 스토리를 발굴해 순천만을 관광 명소로 만들어야 합니다. 순천만을 생태 관광지로 개발하려면 시청 직원들의 의식을 바꾸고 관광 거리를 발굴해 스토리를 만들 수 있어야 합니다. 꼭 도와주십시오."

나는 시장의 부탁을 뇌리에 새기면서 순천시청을 나섰다. 직원의 안내를 받아 순천만과 인근 관광지를 돌아보기로 했다. 관광해설사한 분이 순천만 관광지 탐방을 도와주었다. 제일 먼저 간 곳은 역시 순천만. 오전 11시였는데도 한여름이라 햇살이 따가웠다. 유람선을 타는 선착장에 가니 사람들이 거의 없어 한가했다. 유람선을 자세히 보니 어선이었다. 어선을 유람선으로 이용하고 있었던 것이다. 이미 배에 탄 승객 서너 명이 기다리고 있던 차에 우리 일행이 오니 선장이 어서 타라고 재촉했다.

8000년의 역사

배는 통통거리는 소리를 내며 서서히 갯골을 따라 바다 쪽으로 나갔다. 눈에 보이는 모든 것이 갯벌이었다. 갯벌 위에는 일광욕을 즐기고 있는 수백만 마리의 바닷게와 여기저기 활발하게 갯벌을 헤집고 다니는 망둥이, 짱뚱어가 즐비했다. 머리 위로 이름 모를 바닷새들이 날아다니는 모습을 보니 갑자기 원시시대로 돌아간 느낌이었다.

나는 동행한 해설사에게 물었다.

"조금 전에 여수공항에 내렸을 때만 해도 갯벌이 별로 없었는데 왜 이곳에만 이렇게 갯벌이 넓게 형성되어 있습니까?"

"갯벌 지대 위에 동천이라는 강이 흐르는데 여기에서 오랫동안 토사가 유입되어 만들어진 것입니다."

"이 갯벌의 역사가 얼마나 될까요?"

"8000년 정도 되었다고 합니다."

이어 해설사는 흑두루미 이야기를 들려주었다.

"겨울철에는 이곳에 세계적인 희귀조인 흑두루미가 날아오는데 그 숫자가 해마다 조금씩 증가하고 있어요."

"흑두루미 숫자가 매년 늘어나는 이유는 무엇입니까?"

해설사는 대답하지 못했다.

"그건 흑두루미한테 물어봐야 할 것 같군요."

하늘이 순천에 내린 축복

분명히 순천만의 갯벌은 다른 곳에 없는, 여느 곳과는 다른 가치를 지니고 있었다. 배에서 내려 무성하게 우거진 갈대밭 사이를 걷자 마치 별천지에 온 느낌이었다. 순천 시내에서 불과 차로 10분 거리에 있지만 끝이 보이지 않는 갯벌과 드넓은 갈대밭은 그 자체로 대자연의 웅장한 면모를 갖추고 있었다. 순천만은 하늘이 순천에 내린 축복임에 틀림없었다.

순천만을 좀 더 넓게 보려면 높은 곳으로 올라가야 한다. 갯벌을 둘러보는 데도 시간이 꽤 걸렸다. 시간이 없어 전망대까지 가지 못하고 다음 목적지로 이동했다. 나는 첫 번째 탐사 때부터 캠코더로 이 모든 광경을 영상으로 담았다.

Chapter 4

제4장

생태 신화를
새로 쓰다

순천만의
머슴들

순천만의 사람들은 참으로 다양하다.

지칠 줄 모르는 민선 시장,

아이디어 뱅크이자 프레젠테이션의 달인인 순천만의 머슴 과장,

'흑두루미와 함께 춤을'이라는 이름을 가진 철새 담당 공무원,

두리 귀환 프로젝트의 환경단체 회원들,

순천만조 대원들,

자신의 터전을 옮기고 생활의 불편함을 감수한 농민과 상인들,

순천시 관광진흥과 태스크포스 팀

모두 굴하지 않는 희생정신과 지치지 않은 열정으로

순천만 성공신화의 주역이 되었다.

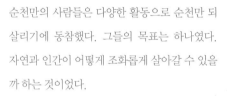

순천만의 사람들은 다양한 활동으로 순천만 되
살리기에 동참했다. 그들의 목표는 하나였다.
자연과 인간이 어떻게 조화롭게 살아갈 수 있을
까 하는 것이었다.

순천만의 머슴

일주일 동안의 순천 생활을 마치고 오랜만에 서울 사무실로 출근했다. 이상하게도 마음은 여전히 순천에 있었다.

'지금쯤 두 개 조가 워크숍 결과를 시장에게 보고하고 있겠구나.'

아나나 다를까 '순천만' 조 최영화 씨가 문자 메시지를 보내왔다.

"스토리텔링 발표 때 시장님께서 잘했다고 칭찬하셨습니다."

다행이면서도 걱정되는 것은 과연 이런 아이디어들이 잘 실행될까 하는 점이었다. 그때 '순천만 머슴'이라는 범상치 않은 제목의 이메일이 날아왔다. 순천시 관광진흥과 최덕림 과장이 보낸 것이었다.

순천만의 주역

"안녕하세요. 저는 순천시청 관광진흥과장 최덕림입니다. 지난달에는 순천만 갈대축제가 열려 하루 10여만 명의 관광객을 맞이하느라 오셨다 가신 줄도 몰랐습니다. 죄송합니다. 저는 사실 선생님이 쓰신 『민들레 영토』, 『총각네 야채가게』, 『펭귄을 날게 하라』 등을 모두 읽었습니다. 최근에는 『펭귄을 날게 하라』를 마지막 페이지까지 네 시간 동안 내리 읽었답니다. 무척 감동받아 순천시청 사람들도 그런 변혁을 이끌어내는 사람이 되라는 뜻에서 전 직원에게 책을 선물한 적도 있습니다. 기회가 된다면 선생님과 함께 1박 2일 일정으로 순천만을 둘러보고 작설차를 한잔 마신 후 한옥에서 담소를 나눴으면 합니다."

그는 노 시장과 함께 '순천만의 기적'을 일궈낸 주역이다. 순천에 내려갈 때마다 만나보고 싶었지만 스케줄이 맞지 않아 아쉬웠다. 무엇보다 그는 워크숍에서 나온 아이디어를 실행에 옮길 사람이었다.

나는 가슴이 뛰었다. 그와 함께라면 어떤 아이디어든지 현실로 만들 수 있을 것 같은 확신이 생겼다. 지체 없이 약속을 잡았다. 그의

순천시청 관광진흥과 최덕림 과장은 노 시장과 함께 '순천만의 기적'을 일궈낸 주역이다. 그는 서울과 순천을 출퇴근하다시피 했으며, 정부 부처를 다니며 화장실 프레젠테이션도 마다하지 않을 정도로 열정적이었다.

사무실 탁자에는 순천만의 과거와 현재, 미래의 조감도가 깔려 있었다. 잠시의 대화만으로도 그의 머릿속에는 미래의 청사진이 그려져 있을 뿐 아니라 가슴은 열정으로 불타고 있음을 알 수 있었다.

핵심 개념을
파악하라

▲

문명 생활을 하는 현대인들에게 환경 보전을 실천한다는 것은 '양날의 검'과도 같다. 마음으로는 자연 환경을 원하지만 자연 환경을 복원하려면 문명 생활을 희생해야 할 사람들이 반드시 생기게 된다. 순천만 일대는 이미 문명 생활로 훼손되어 있는 상태여서 이를 복원하려면 기득권을 가진 사람들을 설득해 자연 상태로 되돌려 놓는 지난한 과정이 기다리고 있었다. 기득권에 갖고 있는 사람들이 순순히 가진 것을 내려놓기란 불가능에 가깝다는 것을 우린 모두 알고 있다.

부분적인 희생

대대뜰에서 농사를 짓고 있는 농민들, 순천만의 바닷가에서 어업 활동을 하고 있는 어민들, 그리고 순천만 근처에서 상점, 음식점, 숙박업소를 운영하고 있는 사람들의 생업(生業)이라는 측면에서 부분적인 희생이 따를 수밖에 없기 때문이다. 하지만 이들을 설득해서 자연을 복원해 나가지 않으면 생태 환경은 만들어질 수 없다. 생태 환경을 복원하자는 것만으로 그들을 설득하기에는 역부족이었다.

먼저 시민을 설득할 수 있는 새로운 개념이면서 관광객에게도 차별적인 이미지를 만들 수 있는 핵심 개념(Killer Concept)이 필요했다. 그리고 관광객에게 가장 인상적인 이미지를 만들 수 있고, 시민에게도 구체적인 비전이 될 수 있는 핵심 개념으로 순천만 인근에서 생활하고 있는 농민, 어민, 상인들을 설득해야 하는 것이다.

관광객, 시민, 농민들이 모두 공감할 수 있는 상징적인 이미지는 '흑두루미'였다. 최 과장은 순천만의 생태 환경을 상징하는 핵심 개념이 '흑두루미'라는 점을 설명했다. 흑두루미에게 좋은 생태 환경을 만들면 자연적으로 다른 새들에게도 좋은 환경이 된다. 생태 환경 회복은 최 과장 혼자 할 수 있는 일이 아니라 전 시청 직원, 시민, 환경단체가 같이 해야 할 일이다. 그리고 그 출발점이 관광진흥과이므로 나는 최 과장에게 이 개념을 조심스럽게 제안했다. 무엇이든 출발이 어려운 법이다. 최 과장과 나는 이 대목에서 출발하기로 합의했다.

'순천만'조 대원들

"관광진흥과 직원들과 이번 아이디어를 낸 팀들이 모여 다시 한 번 워크숍을 하면 어떻겠습니까?"

"좋은 생각이네요. 저희가 매년 연말에 직원들과 함께 신년 플래닝 워크숍을 여는데 그때 같이 하면 좋겠습니다."

"저도 그때 다시 내려오겠습니다."

다음 토요일 나는 관광진흥과 워크숍에 참석하기 위해 다시 순천을 찾았다. 지난번 순천만에 갔을 때 흑두루미를 보았지만 너무 멀리 있어 사진을 찍어도 모습이 잘 나오지 않았다. 이번에는 준비를 철저하게 했다. 망원렌즈를 마련해 워크숍 시간보다 조금 일찍 순천만으로 갔다. 자전거를 빌려 갈대밭을 지나 논바닥과 만나는 지점으로 달려가자 흑두루미가 기다렸다는 듯 갯벌 위로 날아올랐다.

흑두루미가 떼를 지어 날아오르자 온몸이 찌릿한 감동이 느껴졌다. 나는 머리 위를 날아다니는 흑두루미를 향해 셔터를 눌렀다. 100여 장의 사진을 정신없이 찍고 나니 카메라에 흑두루미의 군무가 담겨 있었다. 흥분을 느끼며 워크숍 장소로 갔다. 토요일 오후인데도 지난번 워크숍 때의 '순천만'조 대원들이 모여 있었다. 아이디어의 불씨를 관광진흥과 직원들에게 전달하기 위해 다시 모인 것이었다. 무척이나 반가웠다. '순천만'조는 오후 4시가 넘어서 지난번 발표한 내용을 관광진흥과 직원들에게 다시 한 번 프레젠테이션했다. 관광진흥과 직원들 중에는 타 부서에서 자신들이 맡고 있는 업무에 대한 문제점을 지적하는 것이 불쾌하다는 표정을 짓는 사람도 있었지만 대부분 자신들이 생각하지 못한 새로운 아이디어를 반기는 분위기였다. 이어 최 과장이 지난 2년 동안 해온 일에 대해서, 앞으로 3~4년 동안 무슨 일을 할 것인가에 대해서 열정적인 프레젠테이션을 했다.

또 다른 벽

"지난번 월요 간부회의에서 스토리텔링 워크숍 때 나온 아이디어를 발표하는 내용을 저희는 보지 못했는데 이번에 자세히 알게 되어 좋았습니다."

시청 TV로 발표 내용이 생중계되었지만 안타깝게도 정작 해당 부서의 담당자들은 보지 못한 것이었다.

"그런데 우리가 추구하고 있는 것은 생태 관광 아닙니까? 지나치게 관광객의 편의만 생각해 새로운 코스를 만들고 시설물을 설치하는 것은 옳지 않다고 생각합니다.”

“우리는 앞으로 관광단지를 시내 방향으로 확대하는 계획을 가지고 있기 때문에 그런 문제는 곧 해결될 것입니다.”

또 다른 벽을 만난 것이다. 아무리 좋은 아이디어라 하더라도 실무 담당자들이 받아들이지 않으면 실행으로 옮길 수 없다. 최 과장은 나에게 양쪽의 의견을 모두 들었으니 조정하는 의견을 달라고 했다. 나는 잠시 생각을 정리한 후에 말했다.

“한번 해 보겠습니다!”

“지난 2년 동안 관광진흥과는 기적을 만들어냈습니다. 앞으로 2~3년 후에는 더 큰 기적을 만들어낼 것입니다. 이 과정에서 간과하면 안 될 것이 바로 고객에게 순천만의 가치를 제대로 느끼게 해줄 수 있는가 하는 것입니다. 스토리 워크숍 때 나온 새로운 아이디어는 현재 순천만을 찾는 관광객들이 순천만을 제대로 즐기고 순천만의 스토리를 느낄 수 있는 방법을 고민해서 내놓은 작은 생각에 불과합니다.

순천의 농민, 어민, 상인, 관광객 모두 공감할 수 있는 이미지는 '흑두루미'였다. 흑두루미에게 좋은 생태 환경을 만들면 자연적으로 다른 새들에게도 좋은 환경이 된다. 생태 환경의 회복은 시청 직원, 시민, 환경단체가 같이해야 가능한 일이다.

우리는 현실적인 어려움과 미래의 큰 그림 사이에 끼어 있는 고객의 생각을 간과해서는 안 됩니다. 이 작은 아이디어가 제대로 실행되기만 한다면 내년 봄부터 이곳을 찾는 관광객들은 제대로 순천만을 즐길 수 있을 것입니다."

덧붙여 나는 체인지 에이전트의 작은 불씨가 실무자들의 가슴에 옮겨 붙기를 간절히 소망한다고 말했다. 이것이 직원들의 마음을 움직였는지 그들은 한 목소리로 외쳤다.

"한번 해 보겠습니다!"

'흑두루미와 함께 춤을!' 씨

약 20여 년 전에 케빈 코스트너 주연의 〈늑대와 함께 춤을〉이라는 영화가 있었다. 영화 제목은 인디언들이 주인공인 기병대 병사에게 지어준 인디언식 이름이다. 인디언들은 '톰'이나 '샘'처럼 조상의 가문을 상징하는 이름이 아니라 한 사람이 자연과 어울려 살아가는 모습을 상징화해서 이름을 붙였다.

순천시에는 조류 담당직이 있다. 조류 담당직은 순천만을 찾는 조류들의 생태 습성을 분석해 최적의 생태 환경을 만들도록 하는 업무를 맡고 있다. 순천만의 조류 담당자의 이름은 김인철이다. 그는 대학에서 환경학을 전공하고 환경단체에서 근무하다가 3년 전부터 순천시에서 근무해 왔다.

그런 그에게 새로운 이름이 붙여졌다. 그도 자신의 새로운 이름이 싫지만은 않은 듯했다.

'흑두루미와 함께 춤을'이라는 이름의 사나이

나는 김인철 씨에게 인디언 식으로 '흑두루미와 함께 춤을'이라는 이름을 붙여주었다. 그는 매일같이 흑두루미를 관찰하고 흑두루미의 생태에 대해 연구한다. 흑두루미가 아침에는 어떻게 생활하는지, 먹이 활동은 잘하고 있는지, 갯벌에서는 무엇을 잡아먹고 잠은 어떻게 자는지를 면밀하게 관찰한다.

또 흑두루미가 무논에 있으면 논두렁을 따라서 망원경으로 무리 활동을 관찰한다. 갯벌로 날아가면 갈대밭 사이에 몸을 낮추고 흑두루미의 소리를 듣는다. 그는 온종일 흑두루미와 함께 춤을 추며, 흑두루미와 대화하고, 흑두루미의 생각을 읽어 낸다.

'나는 이런 먹이를 먹어요. 우리 가족을 소개할게요. 금년에 새로 태어난 새끼가 이곳이 좋다네요. 그런데 전깃줄이 날아다니는 데 방해가 돼요.'

그는 매일 전체 망원경으로 흑두루미의 개체 수를 파악한다.
'오늘은 몇 마리일까? 숫자가 늘어났을까? 아니면 줄어들었을까?'
전체 망원경으로 살펴보면 400~500미터 떨어져 있는 곳에서도 흑

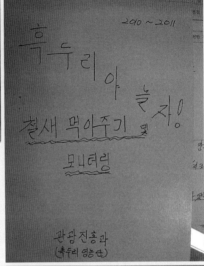

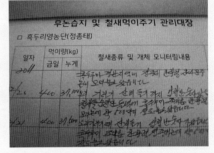

'흑두루미와 함께 춤을'이라는 이름을 가진 김인철 씨는 온종일 흑두루미들과 대화하고, 흑두루미의 생각을 읽어 낸다.

두루미의 눈동자까지 들여다볼 수 있다. 일명 '흑두루미와 함께 춤을' 씨는 매년 11월 말이면 이 일에 더욱 심혈을 기울인다. 언제 처음으로 흑두루미가 순천만에 날아왔는지, 하루에 몇 마리씩 흑두루미가 증가하는지 그는 언제나 관찰하고 기록한다.

흑두루미들의 대화

무리를 짓고 있는 흑두루미를 자세히 들여다보면 마치 그들끼리 대화를 하고 있는 듯하다. 비무장지대 근처에 모였을 때는 아마도 "서쪽으로 내려가면 순천만이 있는데 그곳은 우리가 살기에 너무 좋은 곳 같다. 어서 그곳으로 가자."라고 흑두루미끼리 스토리텔링을 할지도 모를 일이다.

그렇게 관찰하던 그는 2009년 겨울, 흑두루미에게서 굉장히 특이한 점을 발견했다. 흑두루미 숫자가 지난해에 비해 100여 마리 늘어난 것 말고도 새로운 흑두루미가 출연한 것이다. 순천에 찾아온 흑두루미 중에서 다리에 노란색 고리가 달린 개체가 발견되었다. 앞에서 말했듯 일본의 이즈미시는 9,000여 마리의 흑두루미가 월동하는 곳이다.

이즈미시에서는 일부 흑두루미의 다리에 노란색 고리로 표시를 한다. 바로 이 노란색 고리가 달린 흑두루미가 순천만에서 발견된 것이다. 결국 이 흑두루미는 지난해까지만 해도 일본 이즈미시로 날아갔다가 올해에는 순천만을 찾은 것이다.

나는 아직도 순천만을 찾았던 흑두루미가 비무장지대에서 만난 다른 흑두루미들에게 순천만의 이야기를 전해서 일본이 아닌 한국의 순천만으로 온 것이라고 생각한다. 그렇게 생각하지 않고는 노란색 고리를 다리에 달고 있는 흑두루미의 존재를 설명할 수 없는 것이다.

솔선수범하는
사람들

▶

1995년 일본 기업 경영인들이 세계에서 가장 존경하는 기업인으로 꼽는 교세라의 이나모리 가즈오 회장은 '콤파'로도 유명하다 '콤파'는 근무시간이 끝난 후에 직장 동료들끼리 소그룹으로 모여 앉아 술잔을 주고받으며, 직장 일이나 자신의 삶에 대해 격의 없는 대화를 나누는 장을 말한다. 초창기에 회사 규모가 작을 때는 이나모리 회장이 이 콤파에 빠짐없이 참석해 직원들과 대화를 나눴고, 직원 수가 1만 명을 훨씬 웃도는 때까지도 그는 될 수 있는 한 많은 콤파에 참석하려고 애썼다고 한다.

이렇게 이나모리 회장은 직접 현장으로 뛰어들어 직원들과 빈번한 접촉을 통해 그들의 소리를 듣고 리더십의 가치를 끊임없이 전달하는 리더였던 것이다. 결국 그런 이나모리 가즈오 회장의 리더십은 직원들에게 회사를 자신의 것처럼 생각하고 회사가 하는 일이라면 무슨 일이든지 참여하려는 의지를 만들어 주었다.

순천만을 알리는 방법은 다양하다. 그러나 순천만 사람들
은 스토리텔러, 해설사, 가이드가 되길 자청해 순천만의 아
름다움과 생태 가치를 널리 알리기 위해 한마음 한뜻이 되
었다.

인간의 불편함을 감수하다!

기업에서도 직원들의 참여가 중요하지만 환경 보호 역시 시민들의 참
여가 상당히 중요한 비중을 차지한다. 환경 보호는 행정기관에 있는
몇 사람만이 할 수 있는 것이 아니다. 재정이 넉넉하지 않은 순천시의
경우에는 더더욱 그렇다. 순천만을 보호하려면 시민들의 적극적인
참여가 필요했다. 환경 보호를 위해서는 인간의 편리함을 일부 포기
해야 하는 경우도 있기 때문에 시민들의 이해와 협조가 필수적이다.

환경을 위해서는 사람들이 조금 불편할 수도 있고 문명 생활을 일
부 억제할 필요도 있다. 가장 중요한 건 순천만에 유입되는 동천의
물을 깨끗하게 유지하는 일이었다. 시민들이 생활하수를 줄이고 기
름과 비누 사용을 자제해야 물이 맑아질 수 있다. 순천시에는 시민
들에게 생태 환경 조성을 위해 시민들의 생활 습관부터 바꿔야 된다
는 점을 홍보했다.

또 도시 매연을 줄이기 위해 가까운 거리는 걷거나 자전거 이용
을 권장했으며 30~40대 여성들이 새로운 생활 습관을 만드는 데 중
요한 역할을 하고 있다고 보고 30~40대의 취미 활동, 독서 모임, 학
습 모임을 시원했다. 또 3040 생태 학교를 운영하며 생태 환경의 보
호 방법을 학습하게 했다. 물론 순천시 직원들과 시장이 먼저 솔선

수범했다. 그것만이 시민들의 참여를 유도할 수 있는 가장 좋은 방법이었다.

시민 스토리텔러

그리고 시민들을 스토리텔러로 양성하는 스토리텔링 아카데미를 운영했다. 아카데미는 대학과 연계해 문화생태 해설사를 양성하고 순천만과 주요 관광지에 문화생태 해설사를 배치하는 데 결정적인 역할을 했다. 해외 관광객이 늘어날 것을 대비해 영어, 일본어, 중국어 해설사를 순천만과 송광사, 낙안읍성에 배치했다. 시민들은 직접 해설가가 되고, 해설가 교육을 받으면서 서서히 변해갔다. 자신이 살고 있는 순천만의 중요성과 아름다움을 알게 되었고, 나중에는 자신도 모르게 순천만을 지키는 활동에 참여하게 된 것이다.

　노래는 불러지기 전까지는 음악이 아니라 했고, 시는 읽혀지기 전까지는 문학이 아니라 했으며, 사랑은 표현되기 전까지는 사랑이 아니라 했다. 어떤 일이든 그것을 이루기 위해서는 모두가 한마음이 되어야 한다. 그래야 진정한 참여가 이뤄지고 '팀워크'가 생긴다.

탐조선을
바꾸다

낡은 어선이 통통거리는 소리
와 함께 출항하면 배 소리에
놀란 새들이 날아가버린다. 정
작 보고 싶은 새들이 저 멀리
날아가버리자 순천시는 새로
운 탐조선을 도입하기로 했다.

일본이 만들어 세계적으로 인정받고 있는 초전도 자석 자기부상열차는 철로 위에 뜬 채로 엄청난 속도를 내는 차세대 열차다. 물론 자기부상열차가 완성되기까지 많은 어려움이 있었을 것이다. 그저 머릿 속에만 머물던 아이디어가 실제 레일을 달리는 열차가 되기까지 어떤 과정을 거쳤을까? 시작은 역시 이 하나의 문장이었다.

"시속 500킬로미터로 달리는 열차를 만들고 싶다!"

회의 중에 튀어나온 이 말은 처음부터 부정적인 시각에 부딪쳤다. 지리적으로 일본에서는 이런 아이디어가 실현 불가능하다는 것이 대부분의 의견이었다. 굳이 지금도 열차가 잘 운영되고 있는데 모두 뜯어고칠 필요가 있겠냐는 의견이 많았다. 하지만 최초의 아이디어를 낸 사람은 다시 이렇게 말했다.

"그럼, 지상에서 10센티미터 정도 부상할 수 있는 열차를 만들어 보자."

모두가 불가능하다고 여긴 그의 말은 실패에 실패를 거듭하다 마침내 실현되었다. 현재 일본은 초전도자석을 이용한 고속자기부상열차 개발에 정부가 적극 나서 이 분야의 원조 격인 독일을 제치고 세계 최고의 자기부상열차 기술을 보유하고 있다.

혁신적인 사고의 힘

앞선 사례는 사람들에게 사고의 혁신과 적극적인 태도가 얼마나 중요한지를 보여준다. 무엇보다 적극적인 태도가 중요하다. 시간이 없으면 어디에서 시간이 낭비되고 있는지 찾아내 단축할 수 있는 방법을 생각해 내면 된다. 돈이 없다면 돈을 모으는 방법과 절약할 수 있는 방법을 찾으면 된다. 중요한 것은 일을 어떻게 하면 성공할 수 있는지를 꾸준하게 생각해야 한다는 것이다.

순천만에는 변화가 필요했다. 순천만의 아름다운 경관을 즐기려면 관광객들은 포구에서 배를 타고 나가야 한다. 그동안 갯벌을 보려면 동네 어민이 운영하는 어선을 타고 바다로 나가야 했다. 어선의 통통거리는 소리와 함께 배가 출항하면 배 소리에 놀란 새들이 날아가 버렸다. 정작 보고 싶은 새들은 저 멀리 날아가 버리는 것이다. 게다가 어선을 탄 관광객은 어선 바닥에서 갯벌을 보아야 하기에 눈

높이가 낮아 갯벌 위의 바닷게가 노는 모습을 볼 수가 없었다. 이런 상황은 오랜 시간 동안 유지되었기 때문에 특단의 조치가 취해져야 한다는 데는 모두 공감하고 있었지만 실행에 옮겨지지는 않았다. 특별한 개선 없이 오랫동안 이런 과정이 반복되는 것을 지켜본 나는 시청 간부들에게 개선을 제안했다.

"어선으로 관광하기보다 시에서 탐조선을 만들어야 한다."

"탐조선은 소음이 적은 엔진을 써야 한다."

"탐조선은 2층으로 해서 관광객이 보트 상단에서 갯벌의 모습을 보아야 한다."

결국 2층 탐조선이 새로 도입되었다. 이 탐조선은 2008년 10월에 람사르 총회 참석자 2000여 명에게 처음으로 공개되어 생태 관광지로서 아름다운 순천만을 마음껏 자랑할 수 있었다.

흑두루미를 위해
전봇대를 없애다

▶

2009년 4월, 전국 언론에 전남 순천시의 흑두루미 보호정책이 대대적으로 보도되었다. 전깃줄에 걸려 다치는 흑두루미 수가 늘어나자 시가 나서 200여 개가 넘는 순천만 인근의 전봇대를 뽑았다는 내용이었다. 순천시는 이밖에도 매일 400킬로그램이나 되는 곡식 낱알을 뿌려주고 습지 주변의 음식점을 모조리 없애는가 하면 새들이 놀라지 않게 도로 옆에 가림막을 설치, 차량 불빛을 차단시켰다. 하지만 사람들이 감동을 받은 건 이런 대목이 아니었다. 보도 내용에 보태진 순천시장의 인터뷰가 강하게 인상에 남았던 것이다.

"개발론자 입장에서 보면 당장은 이익이 없지만 머지않은 시점에 훨씬 크고 지속적인 이익이 생기게 될 겁니다!"

한 도시의 시장은 죽을 때까지 할 수 있는 직업이 아니다. 몇 년의 임기가 끝나면 또다시 선거에 출마해야 하기 때문에 단기적인 성과에 연연할 수밖에 없다. 하지만 노 시장의 입에서 나온 말들은 결코 그런 것들이 아니었다. 서두르지 않은 흑두루미에 대한 애정 그리고 이 애정을 견고하게 쌓아올린 순천시의 '배려'가 지금의 관광특구 순천시를 만든 것이다.

전봇대를 없애라!

한 번 상상해 보라. 당신이 살고 있는 동네에서 갑자기 전봇대를 모두 뽑아버리자고 하면 어떤 기분이 들겠는가? 그것도 '겨우 철새 때문에 전봇대를 뽑아야 하다니?'라는 의문이 당장 들 것이다. 순천만에서 전봇대를 뽑아내는 작업 역시 쉽지 않았다. 아니 굉장히 고통스러운 과정이었다.

먼저 순천만의 지리적 요건을 한 번 살펴보자. 순천만은 간만의 차이가 2미터 정도로 만조 시에는 모든 갯벌에 바닷물이 차지만 간조 시에는 드넓은 갯벌의 속살이 그대로 드러난다. 물이 빠진 갯벌 위에는 숫자를 헤아리기 힘들 만큼 수많은 게와 조개류, 짱뚱어들이 모습을 보인다. 흑두루미는 갯벌에 물이 빠지면 갯벌에 서식하고 있는 갯지렁이, 게, 조개류 등을 잡아먹는다. 만조 시에는 갯벌과 붙어 있는 광활한 무논으로 흑두루미들이 날아든다. 추수한 논이지만 농민들이 흑두루미를 위해 볍씨를 논에 남겨 놓았기 때문에 이것은 새들의 먹이가 된다. 흑두루미는 하루에도 몇 번씩 갯벌과 무논을 옮겨 다니면서 순천만의 하늘을 태곳적 모습으로 변화시킨다.

흑두루미의 자유로운 비행을 허하라!

순천만과 인접한 대대마을의 무논은 상당 부분이 갯벌을 개간해서 만들어진 것들이다. 갯벌과 무논 사이에 1.5킬로미터에 달하는 둑이 있고 농로(農路)가 만들어져 있다. 이 둑과 농로는 마을과 마을을 잇는 역할을 하고 있을 뿐 아니라 농로에는 흑두루미를 괴롭히는 280여 개의 전봇대가 설치되어 있는 곳이기도 하다.

흑두루미는 길이가 1미터에 달하는 커다란 새다. 그래서 비행할 때 순간석으로 방향 전환이 힘들다. 하루에도 몇 번씩 갯벌과 무논을 오가며 흑두루미가 비행할 때 전봇대의 전깃줄이 커다란 방해가 된다. 특히 저녁이나 새벽에 갯벌을 오갈 때는 전깃줄이 잘 보이지 않아 흑두루미의 다리가 전깃줄에 걸려 부상을 입는 일이 종종 발생했다.

최 과장은 '흑두루미가 자유롭게 날아 다니려면 전봇대부터 철거해야 한다.'고 생각했다. 과(課)원들도 같은 생각이었다. 최 과장은 노 시장에게 흑두루미를 위해 전봇대 철거를 건의했고, 노 시장도 적극적으로 이를 지지했다. 그러던 어느 날 최 과장은 갯벌 뚝방 길을 걸으며 생각했다.

'이곳에 왜 전봇대가 있을까?'

전선 지중화 계획, 수포로 돌아가다

그 이유는 한국전력에서 마을에 전기를 공급하고, 농민들이 농사철에 논에 물을 대기 위한 양수기를 돌리는 전력 공급 때문이었다. 또 전봇대의 일부는 KT의 유선 전화선이었다. 하지만 문제는 KT의 전화선용 전봇대보다 한전의 전력 공급선이었다.

건너 마을의 전력 공급은 이미 우회 전선이 가설되어 있었지만 농민들이 발전기를 돌리기 위한 전력을 제거하기란 쉽지 않았다. 최 과장은 결국 땅 밖으로 설치된 송전선(送電線 전기줄)을 땅 속으로 묻는 작업인 '지중화(地中化)' 밖에는 방법이 없다고 생각했고, 지중화 설계에 들어갔다. 그리고 전선 지중화 계획을 시장에게 보고했다.

"지중화 예산은 얼마나 들지요?"

"약 87억 원 정도입니다."

시장은 말했다.

"그 돈이면 아예 논을 전부 사버리겠네!"

최 과장은 한마디도 하지 못하고 시장실을 나와야 했다.

넛지
아이디어

시장실을 나온 최 과장은 다시 고민에 빠졌다. 지중화 작업을 하자니 너무 많은 예산이 들고 아예 전봇대를 제거하자니 한전에서 반대할 게 뻔해 진퇴양난이 따로 없었다.

'지중화 작업을 할 수 없으니 남은 방법은 전봇대를 아예 없애는 길밖에 없어.'

그는 다시 한전에 가서 전봇대 제거를 건의했으나 돌아온 건 미친 사람이 아니냐는 냉소뿐이었다. 그는 관광진흥과 직원들과 머리를 맞대고 고심했다.

'한전이 전봇대를 스스로 제거하지 않는다면 또 다른 방법은 없는 걸까?'

부드러운 권유

관광진흥과 직원들은 어떤 경우에 전봇대가 제거되는지를 연구했다. 그러다 전력 사용자가 더 이상 사용 용도가 없어서 전력 철거 요청을 하면 전봇대를 제거할 수 있다는 사실을 알아냈다.

'그래! 전력 사용자인 농민이 철거 요청을 하면 한전이 전봇대를 철수할 수밖에 없겠구나!'

그때 그의 머릿속에 넛지(Nudge) 아이디어가 생각났다. 넛지는 '부드러운 권유'로 한전에 직접 요구하기보다 농민들이 전봇대 철거 요구를 하게 만드는 방식이었다.

어떻게 농민들이 한전에 전봇대 제거를 요청하게 만들 것인지가 또 고민거리였다.

'어떻게 농민들을 설득해야 할까?'

이제는 해결해야 할 주체가 한전이 아니라 농민이었다. 농민들을 설득하려면 농민들에게 이득이 있는 사업을 구상해야 한다.

'흑두루미에게도 좋고 농민들에게 이득이 있는 사업은?'

여러 날 동안 고민하다가 그는 경관 농업(Art Farm)을 떠올렸다. 경관 농업은 예술적 감성을 농업에 접목하는 방법으로 논을 도화지처럼 생각하고 벼농사를 지을 때도 논에 그림을 그리는 것으로 보면 된다.

논에 흑두루미를 그리다

그는 대대뜰의 넓은 논에 흑두루미 모양이 나타나게 하면 관광 효과가 클 것이라 생각했다. 농민들에게 양수 비용을 지원하고 벼를 수매해 주는 방안을 제시하는 것이다. 경관 농업을 하기 위해 양수기를 지원받으면 전력이 필요 없게 되니 농민들이 한전에 전봇대 제거 요청을 해도 충분히 설득력이 있는 것이다. 그러나 아이디어는 좋지만 농민들이 이에 선뜻 동의해 줄 것인지도 불투명했다. 먼저 최 과장은 대대마을을 찾아가 농민들과 대화를 시도했지만 반응은 싸늘하기만 했다.

"흑두루미를 위해 전봇대를 모조리 뽑는다는 게 말이 되나!"
"지금 제정신인가? 다른 것도 아니고 흑두루미 때문에 우리가 전기를 못 쓴다는 게!"

과원들도 직접 설득 작업에 나섰고 최 과장 역시 여러 번 대대마을을 찾아 농민들을 설득하기 시작했다. 경관 농업을 하면 양수비 보조, 수매 보장이라는 이점이 있는 터라 농민들은 서서히 최 과장의 의견에 동의하기 시작했다.

논바닥에 등장한
흑두루미 한 쌍

경관 농업을 하려면 농민 몇몇만 동의해서 되는 것이 아니라 대대
뜰의 모든 농민들의 합의가 이뤄져야 한다. 개별적인 설득 작업에서
하나 둘씩 농민들이 동조하자 최 과장은 농민회의를 통해 전체 합의
를 이끌어내고자 했다.

다가올 봄에 농사가 시작되기 전까지 경관 농업에 대한 합의가 이
뤄져야 하므로 무슨 일이 있어도 겨울이 가기 전에 전체 합의를 끌어
내야만 하는 급박한 상황이었다.

늦겨울의 어느 날 오후 2시. 농민 회의가 생태관에서 열렸다. 대부
분의 농민들이 모이자 최 과장은 가을철에 대대뜰 논에 흑두루미가
나타나는 방식의 경관 농업 계획을 설명했다. 그러자 한 농민이 벌떡
일어나 고함을 쳤다.

"시청 직원들이 하는 짓이 고작 이거냐!"

그는 탁자를 걷어차고 회의장을 나갔다. 한 명이 나가자 분위기는 곧바로 싸늘해졌다. 웅성거리는 소리가 들리더니 이내 다른 농민들도 하나둘씩 자리를 뜨고 말았다. 최 과장은 어디가 잘못되었는지 회의 과정을 곰곰이 짚어보았다.

회의 시간을 오후 2시로 잡은 것도 커다란 실수였다. 대개 농민들은 점심식사를 하면서 반주를 하는데 오후 2시면 아직까지 점심의 취기가 약간 남아 있는 시간이기 때문에 쉽게 흥분할 수 있다는 사실을 간과한 것이다.

무엇보다 좀전에 탁자를 걷어차고 나간 농민을 설득할 수 있는 방안을 찾아야 했다. 직원들과 상의하다 보니 그 농민이 무허가 건물을 소유하고 있다는 사실을 알게 되었다. 최 과장은 그를 개별적으로 찾아가 다시 설득했다. 결국 그는 "취기 때문에 그렇게 되었다."고 고백하며 사과를 했다. 그는 미안한 마음에 "다음번 회의 때는 경관 농업에 찬성하겠다."는 약속을 해주었다.

실제로 그는 다음에 열린 회의 때 적극적으로 찬성의 뜻을 표명했고, 그가 찬성 쪽으로 돌아서자 다른 농민들도 하나둘 수긍하며 경관 농업에 모두 동의를 했다. 농민들이 경관 농업을 하겠다고 뜻을 모으자 최 과장은 농민들의 이름으로 한전에 전봇대 철거를 요청했다.

한전은 말이 되지 않는 요청임을 알면서도 농민들이 전봇대 철거를 요청하자 어쩔 수 없이 이를 받아들일 수밖에 없었다.

3년 전에는 목포에 있는 전봇대 2개를 철거하려면 대통령이 지시하지 않고서는 도저히 불가능했으나 순천만에서는 280여 개나 되는 많은 전봇대가 농민의 요구에 의해 철거되게 된 것이다. 흑두루미를 위해 전봇대를 제거한다는 소식이 전해지자 환경단체와 시민들은 즉각 환영의 뜻을 표했다. 이 사건은 큰 이슈가 되어 2009년 2월, 전봇대를 뽑는 행사에 300여 명의 시민, 농민, 환경단체 사람들이 순천만으로 몰려들었다. 결국 282개의 전봇대는 하나 둘씩 뽑혀져 나갔다.

'경관 농업'이라는 예술 작업

전봇대를 뽑는 작업과 함께 최 과장은 경관 농업을 설계하기 시작했다. 가을철 논바닥에 30미터 정도의 커다란 흑두루미 두 마리가 서 있는 모양으로 논을 가꾸려면 벼를 심을 때 흑미를 심어야 한다. 봄에 벼를 심을 때 흑두루미 모양의 그림을 미리 땅에 설계하고 그 자

흑두루미는 길이가 1미터에 달하는 커다란 새로 비행할 때 순간적으로 방향 전환이 힘들다. 하루에도 몇 번씩 갯벌과 무논을 오가는 흑두루미들이 전봇대의 전깃줄에 걸려 다치는 사고가 종종 일어났다. 흑두루미가 자유롭게 순천만 하늘을 날아다니려면 전봇대 제거는 해야 하는 일이었다.

리에 흑미의 묘를 심어야 한다. 농민들은 벼를 심을 때부터 정성스럽게 흑두루미 모양에 맞춰 흑미를 심었다. 시청에서는 모내기 이전부터 양수기를 총동원해 물을 공급하고 여름철 내내 양수기를 지원했다.

점점 들판은 가을 색이 짙어갔다. 다가오는 가을을 느낀 최 과장은 기대 반 우려 반의 심정이었다. 만약 흑미가 제대로 검은색을 띠지 않으면 그동안 고생했던 모든 것이 허사가 되기 때문이었다. 반대로, 우려와는 달리 분명히 거대한 흑두루미가 논바닥에 그 모습을 드러낼 거라는 기대감이 서로 교차했다.

가을이 되자 다른 벼이삭들은 황금빛을 띠며 영글어 가고 있었고, 흑미를 심은 곳은 서서히 검은 빛을 띠기 시작했다. 그러다 10월 중순에 들어서자 대대뜰에는 30미터짜리 거대한 흑두루미 두 마리가 서서히 그 모습을 드러냈다.

최 과장은 너무나 오랫동안 기다렸던 순간이라 전망대 위에서 차마 눈을 뜨지 못했다. 이게 웬일인가? 금빛 들판에는 너무나 선명하게 흑두루미의 모습이 새겨져 있는 게 아닌가! 2009년 가을에 날아온 흑두루미들은 순천만 상공에 들어서면서 자신과 닮은 커다란 모습을 발견했을 것이다. 이 상징은 순천만이 흑두루미의 영토이며, 사람이 그들을 환영한다는 따뜻한 메시지이기도 했다. 인간은 흑두루미에게 위험한 전봇대 하나 없이 말끔한 터전을 돌려준 것이다.

순천만 대대뜰 논에 그려진 흑두루미의 비행. 이 경관 농업에 의해 10월 중순에 들어서면서 30미터에 달하는 거대한 흑두루미 두 마리가 그 모습을 드러냈다.

금빛 들판에 선명하게 새겨진 흑두루미의 모습
은 순천만이 흑두루미의 영토이며, 인간들이
그들을 환영한다는 따뜻한 메시지였다.

누구라도
갈 수 있는 곳

▶

전남 순천시 해룡면 용산전망대에 오르면 봄이 다가오고 있는 순천만이 한눈에 들어온다. 강 하구와 갈대밭, 갯벌, 습지에는 생명의 기운을 담은 봄 안개가 피어오른다. 39.8킬로미터에 달하는 해안선은 22제곱킬로미터(약 600만 평)의 넓은 갯벌과 5제곱킬로미터(약 70만 평)의 갈대밭을 둘러싸고 있다. 순천만은 200여 종의 철새들과 붉은색 식물인 칠면초가 황홀한 경관을 뽐내고 있다.

황홀한 경관에 가려진 진실

그날도 나는 그런 황홀한 경관을 기대하며 전망대로 올라가고 있었다. 바람도 좋고, 잠시 쉴 겸 전망대에 오르는 계단 입구에 마련된 휴게소에 앉았다. 마침 옆에는 예순 후반의 할머니께서 앉아 있어서 말을 붙였다.

"어디에서 오셨어요?"

"여수요."

"자주 오세요?"

"여수에는 볼거리가 없어서 여기 자주 옵니다."

"그런데 전망대에 가지 않고 왜 여기 계세요?"

"다리가 아파서. 나는 여기에서 쉬고 일행은 올라갔어요."

"전망 좋은 곳에서 보고 싶지 않으세요?"

"전망대가 너무 멀어서 못 가."

전망대로 가는 계단을 오르다 보니 한 할머니가 힘든 모습으로 내려왔다.

"전망대에 다녀오세요?"

"아니, 가다가 힘들어서 그냥 내려가네."

나는 이런 목소리를 모두 캠코더에 담았다. 계속 올라가면서 나는 박 주사에게 물었다.

"전망대를 찾는 관광객을 조사한 통계가 있습니까?"

"평일에는 아무래도 여성 관광객이 많습니다. 한 70퍼센트 정도 되죠."

"연세 드신 분들도 꽤 보이던데요."

"보시다시피 상당수가 그렇습니다."

"그렇다면 아까 본 할머니처럼 전망대까지 못 가는 분들도 많겠군요."

내 질문에 박 주사는 제대로 대답하지 못했다.

"……."

누구나 쉽게 오를 수 있는 전망대

어느덧 우리는 계단을 올라 모두 한자리에 모였다.

"자, 관광객의 입장에서 경험해 보니 어떠세요?"

"아직 우린 젊으니까 이 정도 계단은 힘들지 않지만 노약자 입장에서는 상당히 힘들겠네요."

"문제는 이 계단만 올라오면 끝이 아니라는 겁니다. 여기서부터 지금까지 온 거리의 4배를 더 가야 한다는 거예요."

그러자 누군가 새로운 방법을 제시할 수 있는 질문을 하나 던졌다.

"모든 사람이 꼭 거기까지 가야 하나요?"

"시간이 없는 사람이나 여성들은 도중에 전망대가 있으면 좋을 텐데."

"그렇다면 바로 여기에 전망대를 만들면 어떨까요?"

그러자 자리에 있는 전원이 한 목소리로 말했다.

"맞아요, 계단만 오르면 바로 볼 수 있는 곳에 전망대를 만들면 되겠네요!"

▲ 전

▼ 후

용산(龍山)에 있는 전망대에 오르면 순천만의 아름다운 모습이 한눈에 내려다보이지만 경사 50도의 계단을 오르며 전망대로 가는 길은 쉽지 않다. 아예 전망대를 오르지 않거나 가다가 포기하는 사람들이 많아지자 순천시는 오르기 쉬운 길을 새로 만들고 장애우도 오를 수 있는 전망대를 만들었다.

모두에게 열린 순천만

용산(龍山)에 있는 전망대에 오르면 순천만의 아름다운 모습을 한눈에 내려다볼 수 있다. 그러나 가벼운 마음으로 온 관광객에게는 그곳까지 가는 일이 그리 쉽지 않다. 전망대까지 가는 것이 등산에 버금가는 고된 노동이기 때문이다. 갈대밭 길이 끝나는 지점에서 전망대로 가는 길은 가파른 계단을 올라야 한다. 경사 50도의 계단을 오르며 산을 타야 하는 것이다. 이런 길을 예상하지 못하고 구두를 신은 사람이나 체력이 약한 여성이 산길을 올라가는 것은 그리 쉽지 않은 일이다. 아예 전망대를 오르지 않거나 가다가 포기하는 사람들이 많았다.

아름다운 순천만의 사진을 보고 놀러온 사람들이 정작 그 모습을 보지도 못하고 돌아가는 일이 빈번했던 것이다.

결국 노 시장은 계단 길이 아닌 오르기 쉬운 길을 새로 만들고 전망대도 2~3개 더 늘리기로 했다. 그는 또 새로운 전망대 길을 장애우도 오를 수 있는 전망대로 만들었다. 하이힐을 신은 여성도 전망대를 쉽게 올라갈 수 있고, 장애우도 휠체어나 다른 도구를 이용해 쉽게 갈 수 있는 길을 만들려면 계단이 아닌 우회도로가 필요했다. 용산 뒤편으로 돌아가는 완만한 경사의 새로운 도로를 만들고 굴곡이 있는 곳에는 구름다리를 만들어 레이디 전망대를 만들었다.

　대성공이었다. 과거에는 전망대 가는 길이 가파른 계단 길이라 관광객의 10퍼센트 정도가 전망대까지 갔다면, 쉬운 전망대 길을 만든 이후에는 약 40퍼센트에 달하는 관광객들이 전망대에 올라 순천만의 신비로운 모습을 보았다.

흑두루미의
존재 이유

▶

순천만이 녹색 성장 사례로 제66차 유엔 아시아태평양 경제사회위원회(UN ESCAP) 총회 보고서에 소개되어 관심을 끌고 있다. 62개국, 600여 명이 참석하는 총회에 '한국의 되살아난 연안 습지'라는 제목으로 순천만의 성공 사례가 소개된 것이다.

특히 순천만의 상징인 S자 수로 등 순천만 사진이 총회가 열리는 인천 송도 컨벤시아에 소개되어 눈길을 모았다.

이제 순천만은 자연 환경의 보전을 통한 녹색 성장의 성공 사례로 국내뿐 아니라 국제적인 생태 관광 모델이 되었다. UN을 통해 전 세계에 홍보하고 관심을 이끌어내는 데 성공한 것이다.

이번 총회로 순천만의 생태 환경은 한국을 너머 세계인들에게 생태 수도 순천을 알리는 또 하나의 시금석이 되었다.

변화의 시작과 끝

순천의 모든 변화의 시작과 끝은 '흑두루미'였다. 흑두루미가 전 세계가 주목하는 순천을 만들어냈다. 이를 축하하듯 최근 순천만에는 세계적인 희귀조인 황새가 7년 만에 모습을 드러냈다. 순천만 농경지에서 천연기념물 199호 황새 한 마리가 먹이를 먹는 모습이 목격된 것이다. 국내 텃새로는 이미 멸종된 것으로 알려진 황새가 순천만에 모습을 드러낸 것은 지난 1996년, 2003년 이후 이번이 세 번째다. 황새는 세계적으로 2,500여 마리밖에 없어 세계자연보전연맹에서 멸종 위기종으로 보호받고 있는 귀한 새다. 순천만에서는 해마다 20~30여 종의 천연기념물과 국제보호 조류가 목격되고 있다.

살아 움직이는 홍보 사절단

지금은 거의 나타나지 않아 멸종된 것으로 판단된 천연기념물과 국제보호 조류들이 한국, 그것도 순천만에 찾아오는 이유는 무엇일까? 국립생물자원관 척추동물과 연구관 김진한 박사(49세)는 "순천에서

편안하게 겨울을 지낸 흑두루미들이 다른 개체들을 순천만으로 데려오고 있다. 흑두루미의 월동 북방한계선인 순천만은 5년 안에 흑두루미 1,000마리가 월동하는 세계 최고 서식처가 될 것"이라고 전망했다.

순천만에서 겨울을 난 흑두루미들이 다른 개체들을 순천만으로 불러들이고 있는 것이다. 새들에게 겨울은 굉장히 민감한 요소다. 먹을거리와 온도, 환경이 맞지 않으면 존재 자체가 힘들기 때문이다. 하지만 순천만의 사람들은 새들에게 필요한 이 모든 것을 완벽하게 제공했고, 그 안에서 겨울을 보낸 흑두루미들은 전 세계에 순천만을 알리며 날아다니는 '살아 있는 홍보사절단'이 된 셈이다.

순천만에 뿌려진
예술의 씨앗

▼

54만 평방미터에 이르는 광활한 갈대밭과 그 사이를 거니는 관광객들은 말 그대로 자연과 인간의 예술적인 동화를 느끼게 된다. 노 시장은 "앞으로 산업화가 이뤄진 곳에서 인간이 자연과 어떻게 공존해야 되는 것인지, 세계 희귀 동물, 식물들이 어떻게 보존되어야 하는지를 보여주는 자연 교과서 장이 순천만"이라고 강조한다. 또한 생태해설사는 관광객에게 순천만의 아름다움을 이렇게 설명한다.

"순천만에는 갈대와 갯벌, 철새들이 있습니다. 이번 갈대축제에 오시면 이 세 가지 보물들을 모두 만날 수 있습니다. 저어새, 흑두루미, 검은머리갈매기 등 희귀종 철새들이 순천만의 갯벌에서 계절마다 다르게 찾아와 장관을 연출합니다. 특히 갯벌과 갈대밭 사이의 올레길을 걷는 관광객들은 너도나도 순천만의 비경에 탄성을 자아냅니다."

예술 작품의 장(場)

이렇듯 순천만은 자연과 사람이 하나로 엮어져 만들어진 하나의 예술 작품이다. 순천시는 순천만에 늘 감성적이고 예술적인 분위기가 날 수 있도록 노력한다. 그 일환으로 어느 날, 순천만에 커다란 하트가 하나 생겼다. 순천만의 갈대밭에 손으로는 만들기 불가능한 대형 '하트'가 등장한 것이다. 순천시는 순천만을 찾는 관람객에게 감성적인 볼거리를 제공하기 위해 갈대밭 보행로 주변에 하트 모양을 형상화한 '대지 예술사업'을 추진해 왔다. 최근에는 순천만에 자라고 있는 철 지난 갈대를 베어 내는 작업을 실시했다.

순천만 하트는 탐방로 주변 갈대밭 5만 5,000여 평방미터에 900여 평방미터의 크기로 만들어졌다. 하트 조형 작업은 묵은 갈대를 베어 내면서 하트 모형 부분만 남겨두면 같은 달 하순부터 새싹이 돋기 시작하면서 묵은 갈대를 베어낸 주변은 파란색, 하트 부분은 은빛으로 변하면서 감성적인 분위기의 '이색 형상'을 만들어내는 것이다.

순천시는 순천만에 늘 감성적이고 예술적인 분위기가 날 수 있도록 노력한다. 순천만을 찾는 관광객에게 감성적인 볼거리를 제공하기 위해 갈대밭 보행로 주변에 하트 모양을 형상화한 '대지 예술사업'을 추진했다.

Chapter 5

제 5 장

흑두루미가
우리에게 남긴 것들

흑두루미가 준
훈장

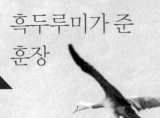

하늘이 준 축복과도 같은 순천만의 매력과 가치는

헤마다 끊임없이 늘어나는 흑두루미들과 관광객의 숫자에서

그대로 드러난다.

순천만의 가치는 해외에서 먼저 알아보았다.

유엔과 각종 국제환경단체의 프러포즈는

한국형 생태 도시의 미래를 짐작케 한다.

현대화된 도시에서 인간과 자연이 공존하며 살아가는 롤 모델이 될

순천만의 특별한 이야기는 앞으로도 계속 이어진다.

순천만과 흑두루미는 공장처럼 공해 물질을 배출하지 않고 청정 관광만으로 수입을 올리기 때문에 경제 효과가 높다. 그리고 이 경제 효과는 고스란히 순천 시민에게 돌아가 지역 사회로서는 더할 나위 없는 선택이었다.

순천만의 국제경쟁력

순천만이 철새들에게 최고의 생태 환경이라는 것은 이미 흑두루미가 증명해준 사실이다. 1미터에 달하는 거대한 몸집의 흑두루미는 먹이가 풍부해야 서식이 가능하다. 그리고 사람이나 인위적인 시설물에 민감하게 반응하는 흑두루미가 서식한다는 것은 이미 그 지역에 청정 환경이 조성되어 있다는 걸 의미한다.

해마다 순천을 찾아오는 흑두루미 숫자가 증가하자 관광객 수도 기하급수적으로 늘어났다. 순천시는 이를 유지하기 위해 흑두루미에게 좋은 생태 환경을 만들고, 습지를 늘리고, 인위적인 시설물들을 철거하는 힘든 과정들을 겪었다. 이렇게 드러나지 않는 고된 일들을 뒤에서 열심히 한 사람들이 바로 순천시 관광진흥과 사람들이다.

그 중에서도 최덕림 과장은 없는 예산을 확보하기 위해 서울을 수차례 방문해 환경부, 문화부 등 여러 곳을 찾아다니면서 중앙 정부의 예산을 끌어왔다. 농민, 어민, 상인들과 대화하고 설득하여 시설물들을 철거하고 청정 환경을 만들었다. 이런 공로를 인정받아 그는 2008년 정부로부터 녹조 훈장을 받았다.

2008년에는 흑두루미가 350마리로 늘었고
관광객 수도 150만 명으로 늘어났다.
2009년 440마리, 관광객도 233만 명을 넘어섰다.
관광객들이 순천시에서 관광으로 소비하는 경제 효과는
약 1,000억 원 정도로 광양 포스코(POSCO)가 광양시에 미치는
경제 효과의 2~3배에 해당한다.

자연이 돌려준 혜택

최 과장은 자신이 받은 훈장은 흑두루미가 준 훈장이라고 생각했다. 흑두루미를 위해 청정 환경을 만들었더니 흑두루미가 많은 관광객들을 불러 모아 순천시가 대한민국의 생태 수도가 되었다. 2006년까지만 해도 순천만에는 흑두루미의 숫자가 200마리에 불과했다. 이때 관광객은 연간 35만 명이었다.

그러나 2008년에는 흑두루미가 350마리로 늘었고 관광객 수도 150만 명으로 늘어났다. 2009년에는 440마리, 관광객도 233만 명, 2010년 530마리, 관광객도 290만 명을 넘어섰다. 관광객들이 순천시에서 관광하며 소비하는 경제 효과는 약 1,000억 원 정도로 추정하고 있다. 이는 광양 포스코(POSCO)가 광양시에 미치는 경제 효과의 2~3배에 해당한다.

공장처럼 공해 물질을 배출하지 않고 청정 관광만으로 올리는 성과이기 때문에 경제 효과는 더욱 높은 것으로 볼 수 있다. 그리고 이 경제 효과는 고스란히 순천 시민에게 돌아가고 있기에 지역 사회로서는 더할 나위 없는 선택이었다.

- 흑두루미 숫자만큼 관광객이 늘다

- 1,000억 원의 경제 효과(2008년)

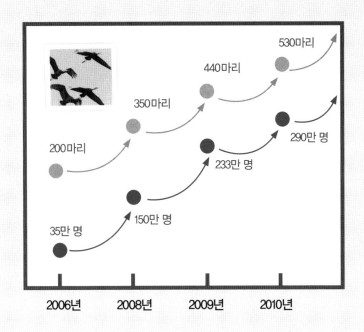

국제사회가 주목한
순천만의 생태 가치

▲

지금 국제사회는 순천만의 생태 가치에 주목하고 있다. 그도 그럴 것이 순천만은 겨울이면 고니, 재두루미, 흑두루미, 노랑부리저어새, 검은머리물떼새 등 국제적으로 희귀한 조류들이 찾아오고 있다. 특히 겨울철 방문객의 주인공인 흑두루미는 살아 있는 화석이라 일컫는 희귀종으로 분류된다. 한국을 찾는 전체 조류의 절반가량인 220여 종이 순천만을 찾아오는 만큼 생태학적으로 순천만은 그 가치를 가늠할 수 없을 정도로 중요한 곳이 되어버렸다.

순천만의 아름다운 기적

나는 순천만의 변화를 처음부터 지켜봐 왔다. 변화의 속도를 조장하기도 했고, 더 나은 순천만을 만들기 위해 순천 사람들과 함께 땀을 흘리기도 했다. 얼마 전에 순천만의 기적에 대해 회의하는 지인과 함께 순천만 방문길에 올랐다. 나는 누구라도 직접 순천만을 눈으로 보면 생각을 바꾸고 순천만의 아름다움에 매료될 것이라 믿었다. 기대는 상상 그 이상이었다.

그는 순천만을 내려다보더니 나보다 더 심한 순천만 마니아가 되어버렸다. 옆에서 시시각각으로 변해가는 그의 반응을 보면서 새삼 순천만이 가진 위대한 힘에 고개가 숙여졌다. 자연은 이토록 위대한 힘을 지니고 있다.

세계 5대 연안 습지

'개발'은 새로운 것을 만드는 것을 말한다. 하지만 순천은 자연을 그대로 보호하고, 나아가 더 아름답게 생태계를 보호하려는 자연 운동가들의 올곧은 마음이 순천만을 변모시킨 것이다. 오늘날 하얀 머리를 숙이고 겨울을 나는 갈대들이 바람에 흔들리는 이곳을 사람들은 '세계 5대 연안 습지'라고 당당하게 부른다. 그리고 전 세계가 순천만을 주목하고 있다. 노 시장은 2010년 11월 서울 코엑스 인터콘티넨탈 룸에서 지식경제부 주관으로 개최된 '지역발전 국제포럼 2010'에서 '순천만의 생태 가치는 무한하다'는 내용이 담긴 사례를 발표했다.

자연의 교과서

순천만은 정부의 저탄소 녹색성장 정책보다 먼저 시작되었기에 그 의미가 더욱 깊다. 순천만은 '대한민국 생태 수도 순천'이라는 전략 목표를 수립하고, 인간과 자연이 생태적으로 공존할 수 있는 전략을 멈추지 않고 추진했다. 그 중에서 수질오염시설인 오리농장 철거, 경관 농업과 무논 조성, 전봇대 철거, 철새 지킴이 활동 등은 순천만 사람들의 끈기와 인내가 빚어낸 쾌거다.

　나는 내가 걷고 있는 이 갈대밭에 얼마나 많은 노력이 깃들어 있는지 잘 알고 있다. 순천만이 가진 본연의 모습을 해치지 않고, 아름답게 만들기 위해 얼마나 많은 정성을 이곳에 쏟아 부었는지도 누구보다 더 자세하게 알고 있다. 순천만 사람들이 행한 이 모든 전략과 실행이 전 세계인이 주목하는 지금의 순천을 만든 것이다.

순천만의 성공신화를
벤치마킹하라

나는 순천만을 최대한 많은 사람들에게 자랑하고 싶다. 순천만에서만 볼 수 있는 천연기념물인 흑두루미와 끝없이 펼쳐진 갈대숲은 어딜 가도 보기 힘든 장관이다. 누구라도 그 풍경을 바라보고 있으면 세상에서 가장 아름다운 자연 앞에 경건해지지 않을 수 없을 것이다. 하지만 이 경건한 자연의 바람이 불기까지는 수많은 역경이 있었다. 우리는 마침내 역경을 딛고 일어나 꿈꾸었던 것을 현실로 이뤄낸 것을 '신화'라 부른다. 순천만은 자연 생태계의 신화를 새롭게 창조했고 신화를 일궈냈다. 지금 한국의 기업들은 순천만 벤치마킹에 열을 올리고 있다.

팔팔하게 살아 움직이는 신화

공장이 아닌 순수한 자연 자원으로 연간 1,000억 원대의 경제 파급효과를 내는 순천만의 성공신화는 2010년 3월부터 하나금융그룹이 벤치마킹하고 있다. 하나금융그룹 주요 임원 80여 명이 공식연수 과정으로 순천만을 방문해 직접 순천만의 신화를 체험했다.

나는 이 과정에 강사로 참석해 연수에 참석한 임원들에게 순천만 혁신 스토리와 창조 경영 벤치마킹 포인트를 몸소 체험하도록 했다. 처음엔 '별것 있겠어?'라는 눈빛으로 연수에 참가했던 임원들도 순천시의 변혁 과정을 알아가면서 적극적으로 배우려는 의지를 보였다.

죽은 신화는 필요 없다. 신화는 팔팔하게 살아 있어야 자극이 되고 배우고 싶은 욕심도 생긴다. 그래서 '순천만'이라는 작은 지역의 갯벌이 세계 최고의 생태 관광지로, 살아 있는 성공신화를 만든 경영 혁신의 모범 사례로 회자되고 있는 것이다.

순천만을 찾아오는 사람들

4월에는 현대자동차 전주공장의 임원들이 순천만을 방문했다. 보직 과장과 현장관리자 등 핵심 간부 사원들을 대상으로 순천만 특별 교육을 실시해 그들의 의식 변화를 선도하고, 근무 분위기와 조직 문화 일신에 적극 나서도록 장려했다.

   많은 기업들이 순천만을 찾는 이유는 간단하다. 세계적인 생태 관광 명소로 부상하고 있는 순천만을 돌아보며, 그 안에 깃든 변화와 혁신 정신을 배우기 위해서다. 최근 몇 년간 순천만이 어떻게, 얼마나 달라졌는지를 직접 느끼고, 수년에 걸친 지속적인 노력을 통해 이 지역 공무원들의 노력과 열정을 되새겼다. 불가능할 것이라던 주변의 예상을 완전히 뒤엎고 획기적인 성과를 거둔 혁신 사례의 현장을 둘러보는 것 자체가 산교육이다.

불가능은 없다

순천만 생태도시 프로젝트에 참가했던 한 공무원은 기업체 교육생들에게 열정이 없는 모습을 사라지게 해야 한다는 점을 강조한다.

"불가능은 없으며 다만 좀 더 많은 시간과 노력을 필요로 하는 일만 있을 뿐입니다."

순천만의 사례는 기업체에서만 각광받는 것은 아니다. 다른 지역사회에서도 순천만이 이슈가 되면서 부러움을 한몸에 받고 있다. 순천만은 기업뿐 아니라 지역 사회 발전이라는 공동 목표를 달성하기 위해서라면 서로 입장과 이익을 달리하는 민관조차 합심해야 한다는 교훈을 남겼다.

결국 인간과 자연의 공존이다

순천만이 날이 갈수록 더욱 아름다워지고 관광객의 발걸음이 끊이지 않는 이유는 무엇일까? 답은 하나다. 매년 더 많은 흑두루미들이 순천만을 찾아오기 때문이다. 흑두루미가 많이 찾아올수록 관광객도 그만큼 많이 순천만을 찾아온다. 결국 흑두루미가 순천만을 아름답게 만드는 단골손님인 것이다.

최근 순천시는 순천만을 찾아오는 흑두루미를 위해 특단의 결정을 내렸다. 2011년부터 입장료를 내야 순천만 자연생태공원을 구경할 수 있게 만든 것이다. 순천시가 내건 이유는 생태계 보호다. 이를 위해 2011년 1월 1일부터는 입장료를 받아 탐방객 수를 조절하기로 했다. 입장료는 어른 2,000원, 청소년 1,500원, 어린이 1,000원으로 정해졌다.

자연의 후유증

순천시가 그간 순천만에 쏟은 노력을 모르는 사람들은 오해할 수도 있다. 관광객들이 좀 모이니 이제부터 돈 좀 벌겠다는 욕심을 가지고 있는 것 아니냐며 유료화를 매도할 수도 있다. 하지만 지금까지 주차 요금만 받고 관광객들은 무료로 입장시켰던 순천시가 입장료를 받는 이유는 돈에 욕심이 나서가 아니라 흑두루미 등 동식물의 생태를 안전하게 유지하기 위해서다.

순천만은 2005년 120만여 명이던 탐방객 수가 2011년은 300만 명에 이를 정도로 급증하고 있다. 휴일에는 최대 4만여 명이 순천만을 찾고 있어서 혼잡은 피할 수 없는 실정이다. 따라서 습지 등의 자연 환경이 망가지고 철새를 비롯한 동식물의 생태가 간섭받는 등 후유증을 앓아왔다. 사람들도 이렇게 힘든데 흑두루미는 얼마나 힘들겠는가. 최덕림 과장은 이에 대해 이런 입장을 밝혔다.

"입장 유료화로 탐방객 수는 줄겠지만 자연과 생태에 끼치는 영향이 줄어들고 관람도 여유를 찾게 되어 결국 품격 높은 생태 관광지로 거듭날 것입니다. 입장료 수익의 일부는 순천만 주변 지역 주민의 복지사업과 생태계 조사와 보호 등에 사용될 계획입니다."

초심

결국 순천시는 자연과 인간의 공존이라는 초심(初審)을 잃지 않았다. 일이 잘 되면 쉽게 잊을 수 있는 것이 초심이다. 욕심이 생기기 때문이다. 하지만 순천시는 욕심을 내지 않았다. 다만 순천만 사람들은 산업화가 진행되는 곳에서 인간이 자연과 어떻게 공존해야 되는 것인지, 그 답을 제시하는 데 오늘도 묵묵히 땀을 흘리고 있다.

　당신은 앞으로 세계적인 생태 도시 순천이 어떻게 나아가고 있는지, 순천만이 품고 있는 세계적인 희귀 동식물들을 어떻게 보존하는지 줄곧 지켜보게 될 것이다. 그렇지 않고서는 도저히 순천만의 아름다움을 외면할 수 없을 테니까.

KI신서 3336

흑두루미를 칭찬하라

1판 1쇄 인쇄 2011년 4월 27일
1판 1쇄 발행 2011년 5월 04일

지은이 김영한 김종원 **펴낸이** 김영곤 **펴낸곳** (주)북이십일 21세기북스
출판컨텐츠사업부문장 정성진 **생활문화팀장** 김선미
영업마케팅본부장 최창규 **영업** 이경희 우세웅 박민형 **마케팅** 김보미 김현유 강서영
출판등록 2000년 5월 6일 제10-1965호
주소 (우413-756) 경기도 파주시 교하읍 문발리 파주출판단지 518-3
대표전화 031-955-2100 **팩스** 031-955-2151
이메일 book21@book21.co.kr **홈페이지** www.book21.com
트위터 @21cbook **블로그** b.book21.com

값 13,000원
ISBN 978-89-509-3092-9 03320